NOUVELLE THÉORIE

DES

LOIS CIVILES.

NOUVELLE THÉORIE

DES

LOIS CIVILES,

Où l'on donne le plan d'un système général de Jurisprudence, et la notice des Codes les plus fameux.

Par J. E. D. BERNARDI.

Ad Reipublicæ firmandas et stabiliendas vires ; sanandos populos, omnis nostra pergit oratio.

Cicero, *de Legib.* I, 15.

PARIS,

GARNERY, Libraire, rue de Seine, hôtel Mirabeau.

DE L'IMPRIMERIE DE CH. POUGENS.

AN X. — 1801.

ERRATA.

Page 19 , *Ligne* 19 , au lieu de vie ; *lisez* ville.

36 , *lig.* 27 , au lieu de seigneureries ; *lisez* seigneuries.

140 , *lig.* 18 , au lieu de les ; *lisez* ses.

159 , *lig.* 9 , après aujourd'hui , *mettez* (1).

ibid. , *lig.* 11 , au lieu de (1) ; *lisez* (2) ; et en note, *Tacit.* , *Annal.* III , 27.

ibid. , *lig.* 22 , au lieu de (2) ; *lisez* (3).

169 , *lig.* 24 , au lieu de exaspérée ; *lisez* exaspérés.

215 , *lig.* 4 , au lieu de , quelque simples que soient des affaires compliquées ; *lisez* quelque simples que soient les lois , il survient des cas litigieux , des affaires compliquées et obscures.

NOUVELLE THÉORIE

DES

LOIS CIVILES.

NOUVELLE THÉORIE

DES

LOIS CIVILES,

Où l'on donne le plan d'un système général de Jurisprudence, et la notice des Codes les plus fameux.

Par J. E. D. BERNARDI.

Ad Reipublicæ firmandas et stabiliendas vires ; sanandos populos, omnis nostra pergit oratio.
Cicero, *de Legib.* I, 15.

PARIS,

GARNERY, Libraire, rue de Seine, N.º 1403.

DE L'IMPRIMERIE DE CH. POUGENS.

AN X. — 1801.

PRÉFACE.

J'AI donné à ce petit ouvrage le même titre que portoit celui d'un écrivain, qui fit beaucoup de bruit dans son temps, mais dont la réputation semble être considérablement éclipsée. Le titre, au reste, sera tout ce que nous aurons de commun.

L'auteur de l'ancienne Théorie des Lois, entraîné par son goût si connu pour le paradoxe, par une affectation marquée de contredire Montesquieu, et un dessein peu dissimulé de ruiner sa réputation, donna dans des écarts, dont tout son art à manier le sophisme, ne put sauver le ridicule.

Les gouvernemens les plus sages et les plus admirés de l'Europe n'étoient, suivant lui, que d'extravagantes absurdités; ils ne présentoient que l'image dégoûtante de la servitude ; c'étoit en Orient, sous le cordon salutaire des Sultans et le bâton protecteur des Bachas, que la liberté avoit trouvé un refuge. Là seulement on pouvoit se flatter de mener une vie paisible et heureuse. L'auteur de ces étranges assertions en a fait une si cruelle expiation, qu'il n'est plus permis de les lui reprocher.

L'on sent déjà que mon plan n'est pas, pour traiter des lois civiles, de me jeter dans ces hautes et vaines théories des gouvernemens ; c'est tout simplement aux lois usuelles, à celles qui règlent l'ordre intérieur des sociétés et les rapports journaliers de leurs membres, que je vais m'attacher.

J'examinerai quelle est leur origine ; la manière dont elles exercent leur influence et leur action ; j'irai jusques à faire voir comment elles doivent être rédigées et mises en ordre.

C'est là un sujet assez vaste et d'une utilité incontestable ; il est d'autant plus difficile de s'égarer en le traitant, que l'expérience est toujours là pour vous servir de guide.

L'on peut dire que la législation, envisagée sous ce rapport, est un sujet neuf parmi nous. Nous avons quelques ouvrages théoriques sur les lois criminelles ; mais il n'y en a aucun sur les lois civiles, si on excepte celui de Domat, qui a réuni d'une manière admirable la théorie à la pratique. J'aurai occasion d'en parler souvent.

J'avois déjà tenté, dans mon Institution au Droit Français, de développer la théorie du droit civil ; mais la nature de l'ouvrage m'obligeant de m'attacher davantage à la pratique, ne me permit pas alors de m'étendre sur la première, autant qu'il eût été nécessaire.

Quand le gouvernement manifeste

un désir si bien prononcé de réparer l'édifice social, en relevant celui de la législation, ébranlé et presque détruit par le choc si long et si pénible des passions déchaînées, le devoir des bons citoyens est de l'aider, autant qu'il est en eux, à accomplir un dessein aussi noble et aussi utile. La longue étude que j'ai faite des lois, soit théoriques, soit pratiques ; les nombreux ouvrages que j'ai publiés déjà sur cette matière, m'autorisent peut-être à donner mon avis.

Les momens que j'ai employés à composer cette nouvelle Théorie des lois civiles, il me les a fallu dérober à d'autres occupations plus indispensables. On s'en apercevra sans doute à la lecture ; on verra qu'il auroit fallu plus d'ensemble dans le tout ; plus de développemens dans certaines parties : il a fallu me contenter de donner des indications générales, et me borner à discuter quelques points principaux.

Le temps qu'a duré l'impression m'ayant donné le loisir de faire quelques réflexions nouvelles sur des objets, ou omis, ou trop resserrés, je vais les placer ici. Je tomberai peut-être dans des redites ; mais ce n'est pas un pareil reproche qui doit arrêter dans des discussions de cette importance, et quand, ne voulant qu'être utile, on ne s'obstine pas à courir vainement après la gloire.

On ne considère communément les lois que comme devant servir à décider les cas litigieux, qui naissent entre les citoyens. Pourvu que les décisions qu'elles en donnent soient claires et précises, et qu'elles ne portent pas un caractère marqué d'oppression et d'iniquité, l'on croit que le devoir du législateur est rempli ; le reste paroît indifférent, et l'on est loin d'apercevoir l'influence qu'a sur la félicité publique une disposition législative plutôt qu'une autre.

La cause d'une erreur aussi funeste vient de ce qu'on ne voit pas les rapports de la législation et de la morale; et il faut convenir que de la manière dont les lois ont été faites dans la plupart des Etats de l'Europe, cette erreur étoit très-excusable.

La morale règle les devoirs des hommes, et donne les préceptes qui en facilitent l'accomplissement; elle s'attache pour cela à nourrir et à développer les sentimens tendres et affectueux, ainsi que les penchans à la justice et à la bienfaisance, dont on trouve plus ou moins le germe dans le cœur des hommes. Mais pour réussir, il faut que d'un autre côté elle trouve les moyens de calmer, et même de comprimer les passions, ces affections tumultueuses de l'ame, qui en altèrent ou en dénaturent les habitudes les plus salutaires.

Les lois doivent, par leurs dispositions, seconder les efforts de la morale ; elles seroient le fléau le plus funeste pour la société, si elles se trouvoient en opposition avec ses préceptes, ou si elles permettoient ou
commandoient ce que la morale défend.

La bonté des lois dépend donc de
leur conformité avec la morale ; c'est
ce qui leur imprime le caractère de
justice. Les actes seuls qui tendent à
rendre les hommes meilleurs ou plus
heureux, sont dignes du nom de loi ;
hors de-là, une loi n'est plus qu'une
gêne superflue, et souvent oppressive.

Sous le rapport de la moralité les
législations anciennes l'emportent de
beaucoup sur les modernes. Le droit
et la morale étoient pour elles une seule
et même chose ; les sciences qui les
enseignoient, étant en quelque sorte

confondues, se prêtoient un appui réciproque. La législation romaine se
distinguoit sur-tout par-là, comme
j'aurai plus d'une fois l'occasion d'en
faire la remarque. Voici comment s'exprimoit, à ce sujet, le plus célèbre
des écrivains romains, et qui étoit également versé dans la connoissance du
droit et de la morale.

« La jurisprudence est la source la
» plus pure de la philosophie ; les lois,
» en récompensant la vertu par des
» dignités et des honneurs, et en in-
» fligeant au vice des supplices et des
» peines, apprennent à en faire la dif-
» férence. Elles nous habituent aussi
» à mettre un frein à nos désirs, à
» soumettre nos passions à leur auto-
» rité et à leur direction ; et elles nous
» montrent comment, en défendant
» ce qui nous appartient, nous devons
» écarter, non seulement nos mains,
» mais encore nos regards et nos pen-

» sées, de ce qui appartient à au-
» trui (1) ».

On voit, par le Gorgias de Platon, que les Grecs avoient des idées tout-à-fait semblables de la jurisprudence. On croiroit que c'est de-là que Cicéron a emprunté ce qu'il en dit; mais il n'avoit pas besoin d'aller chercher un modèle si loin. La science du droit ne parvint jamais chez les Grecs, comme il en fait la remarque lui-même, au point de perfection où elle arriva chez les Romains. Ils portèrent la précaution jusqu'à ne mettre la connoissance du droit qu'entre les mains des plus grands personnages, pour appuyer de leur crédit l'autorité même des lois. Nous verrons ailleurs toute la considération dont jouissoit à Rome le corps des gens de lois, et l'influence qu'il avoit sur l'administration publique.

____

(1) *Cicer. De Orat.* I. 43.

Cette union de la jurisprudence et de la morale se maintenoit encore du temps de Justinien. Ce prince assure aussi, comme Cicéron, que la science du droit est la seule et vraie philosophie. Ceux qui en font profession exercent, suivant lui, une espèce de sacerdoce (1) ; et dès le début de ses institutes, il donne pour des maximes de droit, trois règles fondamentales de la morale, savoir : *Vivre honnêtement ; ne faire tort à personne ; et rendre à chacun ce qui lui appartient* (2).

Il suit de-là nécessairement qu'on doit trouver plus de moralité dans les institutions des pays où les lois romaines ont été constamment suivies, que dans celles des pays où elles n'ont été introduites que fort tard, et seulement comme lois supplémentaires.

Personne n'ignore cette ancienne

____

(1) *Leg.* 1. *Digest. de Justit. et jur.*
(2) *Instit.* I. 1.

division de la France, qui est loin d'être effacée encore, en pays coutumier et en pays de droit écrit. Le premier est cette partie des Gaules, qui ne fut jamais soumise au droit civil des Romains, et qui conserva, sous leur domination, ses coutumes nationales; le second est celle qui, réduite en province romaine, adopta en entier les lois du peuple conquérant.

Il est possible, et même probable, que la loi coutumière ait conservé des vestiges des anciens usages gaulois; mais on ne peut disconvenir aussi qu'elle a été considérablement dénaturée par le droit féodal, qui semble avoir dicté la plupart de ses dispositions, qui se sont conservées jusques à nos jours.

Les tenures féodales, les priviléges et les droits variés qui en dérivoient; les distinctions des personnes et des biens; les différentes manières de les

transmettre par succession, que la féodalité avoit introduites, forment, avec
quelques règles sur les servitudes ur-
baines et rustiques, la base de presque
toutes les coutumes, et notamment
de celle de Paris; elles se taisent sur
toutes les autres parties du droit, quelque infinies qu'elles soient.

La loi coutumière n'est, en quelque
sorte, qu'une exception du droit
général et universel; elle ne dispose
que sur des objets locaux, et elle paroît être l'ouvrage des circonstances,
de la force et de la nécessité. Les fils
qui la rattachent à la morale sont presque imperceptibles. On les perd, pour
ainsi dire, de vue dans les sinuosités
d'une jurisprudence presque toute hors
des règles ordinaires, et dans les détails compliqués, minutieux, et souvent ignobles, où elle descend. Quelle
application pourroit-on faire des principes de la morale dans une discussion

sur

sur le droit de quint ou requint, ou
sur un droit de goutière. Ce n'est sûrement pas dans le chapitre des cloaques et des privés, que l'on contracte
le goût des bonnes choses.

Le droit romain, au contraire, est
comme la loi universelle, parce que
s'éloignant peu de l'ordre commun des
sociétés, il convient à toutes celles
qui ne s'en sont pas écartées, ou qui
y reviennent. Aussi dans le pays où
on le suivoit, tous les priviléges reçus
dans les pays coutumiers, étoient à-
peu-près inconnus. Le droit féodal n'y
avoit acquis qu'une influence très-légère. Les impositions étoient également
ment réparties, à quelques foibles exceptions près, qui contrarioient ouvertement les maximes des lois romaines. Les partages des successions
ab intestat, se faisoient d'une manière
uniforme dans toutes les classes. Le
droit de tester, dont on y jouissoit,

étoit moins pour contrarier l'égalité que la nature semble commander, que pour donner les moyens d'en réparer les torts et les erreurs.

De-là il est arrivé que la révolution, dont les grands coups se sont dirigés sur tout ce qui avoit l'apparence du privilége, ou d'établir des droits extraordinaires, a porté de bien plus fortes atteintes au droit coutumier qu'au droit romain. Il n'y a qu'à voir l'état de maigreur où se trouve réduite la coutume de Paris.

La loi romaine, au contraire, s'est agrandie sur les débris de la loi coutumière et féodale; l'ordre des successions établi par celle-ci a fait place à un ordre qui se rapproche de celui du droit romain. De combien de règles de ce droit la seule loi du 4 germinal an 8, qui a étendu et fixé la faculté de tester, n'exige-t-elle pas la connoissance?

Domat est bien plus complet aujourd'hui pour les pays coutumiers, qu'il ne l'étoit, il y a dix ans. C'est à présent qu'il pourroit, sans aucun inconvénient, devenir le code national. On en avoit eu l'idée dans l'ancien régime; et ce qui en avoit empêché l'exécution, c'étoit l'extrême opposition qui régnoit dans les diverses parties de la jurisprudence, et l'impossibilité de les accorder, sans causer un bouleversement, qu'il n'étoit pas dans les principes d'alors d'opérer.

Mais à présent que cet obstacle, insurmontable autrefois, a disparu, qui peut empêcher de donner à la nation française un des plus beaux codes qui ait jamais existé, et qui seroit l'ouvrage d'un des plus grands génies qu'elle ait produit?

Cette circonstance est peut-être ce qui le déprécie le plus à ses yeux; nation légère et ingrate, rien n'a d'attrait pour elle que ce qui porte une empreinte étrangère. Il ne manque à l'ouvrage de Domat, pour être un chef-d'œuvre, que d'être écrit en allemand ou en anglais. Je reviendrai encore sur cette idée ; on ne doit pas se lasser de répéter ce qui est vrai, et sur-tout ce qui peut être utile et honorable.

Il faut que je fasse pourtant encore une remarque à ce sujet. Lorsque les *Lois civiles* de Domat parurent, les Docteurs de son temps, accoutumés à puiser leur savoir, moins dans le texte des lois romaines que dans des gloses barbares, ou des commentaires qui ne l'étoient guères moins, furent surpris d'entendre les lois parler un langage aussi pur, et se présenter dans un ordre aussi clair et aussi méthodique. Ils décidèrent qu'un livre où la science étoit débarrassée de tant d'épines, et même investie de tant d'attraits, ne pouvoit être qu'un livre superficiel, en comparaison de ceux où ils étoient habitués à la chercher. Ce préjugé s'est perpétué assez long-temps; il a même empêché qu'on ait rendu à cet admirable ouvrage toute la justice qu'il mérite. D'Aguesseau est peut-être le seul qui ait su l'apprécier à sa juste valeur, et lui assigner le rang qu'il mérite. Il est vrai qu'un tel suffrage tient lieu de beaucoup d'autres.

Quoi qu'il en soit, le droit romain devant être toujours le principal dépôt de la jurisprudence, Domat sera nécessairement un auteur classique, tant qu'il y aura quelqu'un qui voudra connoître les vrais principes de cette science. La langue latine, devenant de jour en jour familière à moins de monde, il ne faut plus attendre qu'on aille étudier le droit romain dans les textes où il est renfermé. On se gardera encore bien moins d'aborder ses commentateurs destinés pour toujours à être la proie de la poussière et des vers. Heureusement Domat est là pour y suppléer; tout le droit romain s'y trouve réduit en règles générales, et dégagé de tout ce qui en rendoit l'étude pénible et dégoûtante. C'est dans cet ouvrage surtout qu'on aperçoit les rapports qu'il y a entre le droit et la morale.

Pour revenir à la différence quant à la moralité, que je prétends exister entre le droit romain et le droit coutumier, je crois en trouver une nouvelle preuve dans les observations sur les projets de code civil, qui sont venues des divers tribunaux d'appel.

Je suis loin de vouloir m'arroger le droit de distribuer le blâme ou la louange entre des magistrats qui, au moins en intention, ont tous également bien mérité de la patrie. Ce sont les institutions, et non les hommes, que je veux comparer.

Or, je dis que les tribunaux des pays de droit écrit ont bien mieux connu la nature et l'importance des autorités morales et tutélaires de l'ordre social, et les ont par conséquent bien mieux défendues, que ceux des pays coutumiers. Il faut nécessairement justifier ceci par des exemples : je prendrai d'abord celui de la puissance paternelle.

Le droit romain, par une heureuse fiction, supposoit que le père et le fils ne faisoient qu'une seule personne, et que leurs intérêts, étant absolument identiques, il ne pouvoit y avoir d'obligation ou de contrat entre eux, parce qu'on ne s'oblige pas avec soi-même. Le père étoit comme de raison le chef et l'administrateur de cette espèce de communauté. Il disposoit à son gré des fruits des biens que l'enfant y apportoit; sa volonté seule pouvoit la faire cesser. Il abdiquoit sa puissance, quand il le croyoit utile à ses enfans, par un acte qu'on appeloit *émancipation*, et qui, séparant leurs intérêts communs, donnoit à ceux-ci le droit de régir leurs affaires, comme ils le trouvoient bon.

Le sort des enfans n'en étoit pas, pour cela, plus malheureux que dans les pays coutumiers. Les législateurs romains avoient cru qu'aucune affection étrangère ne pouvoit l'emporter sur celle d'un père, et que le plus grand malheur pour les enfans étoit d'être privés de leur protection tutélaire (1). Cette confiance n'avoit pas été trompée. Le premier devoir, comme le soin le plus cher des pères, étoit de s'occuper de l'éducation et du bon-

____

(1) *Quis enim talis affectus extraneus inveniatur, ut vincat paternum? Cui alii credendum est res liberorum gubernandas, parentibus derelictis.* **Leg.** 7, *cod. de curator. furios. etc.*

heur de leurs enfans. Ils se livroient avec d'autant plus d'abandon à leur tendresse naturelle pour eux, qu'ils n'étoient pas obligés de se précautionner pour l'avenir, et qu'ils n'étoient pas préoccupés sans cesse par l'idée funeste qu'ils seroient un jour les comptables de leurs enfans, et que des discussions d'intérêts altéreroient ou romproient peut-être les liens touchans, qui les unissoient ensemble. Rien, par ce moyen, n'étoit donné au hasard, dans l'établissement des enfans. La providence du père prévoyoit à tout; et il distribuoit, suivant les besoins de chacun, les biens dont il n'étoit que le dépositaire.

Dans les pays coutumiers, au contraire, on n'a jamais compris la vraie nature de la puissance paternelle, et on n'en a pas éprouvé les effets bienfaisans, parce que cette confusion de la personne, et des intérêts du père et des enfans, qui en forme l'essence, n'y a jamais été connue. Un père n'est pour ses enfans qu'un étranger, comme un tuteur ou un curateur; il ne peut y avoir d'autres rapports dès que les intérêts ne sont pas le mêmes. Cette fatale, mais nécessaire distinction du tien et du mien, source première de tant de querelles, doit opérer entre les pères et les enfans, comme entre tous les hommes. Imaginez à présent de belles maximes sur les devoirs réciproques des pères et des enfans; remplissez-en vos livres; placardez-les sur toutes vos murailles. Insensés! qui ne voient pas que leurs institutions les rendront bientôt illusoires, et qu'au plus léger débat, toutes les sentences vont être oubliées.

Qu'on n'objecte pas l'avarice des pères, qui, maîtres absolus des fruits, des biens de leurs enfans, les laisseront manquer du nécessaire. Soit que dans les institutions coutumières, dont l'effet inévitable est d'altérer l'affection des pères, leur avarice supposée devienne plus incommode pour les enfans; mais dans les pays de droit romain l'on diroit : *Bienheureux les enfans d'un père avare ; les jouissances seront pour eux , et les privations pour lui.* Il ne s'agit que d'attendre quelques années de plus ou de moins.

Ce seroit mal connoître le cœur de l'homme, de croire que l'amour propre, l'espèce de vanité que les pères tirent de la bonne éducation de leurs enfans, ne balancent la soif de l'or auprès des plus avares. Leur cupidité n'a souvent d'autre cause que le désir immodéré de laisser à leurs successeurs une fortune brillante.

Dans les observations du tribunal d'appel de Paris, sur le projet de code civil, on attaque sur-tout la jouissance des biens des enfans, qu'on propose de donner au père, pendant leur minorité. L'on veut que le père ne puisse avoir d'autre portion des revenus de ses enfans, que celle que la famille voudra bien lui accorder, eu égard *à sa qualité de père et à ce que peuvent mériter ses qualités personnelles ; hors ce cas, ce n'est plus qu'un abus, une oppression du foible par le fort.* Je parle, dans le cours de cet ouvrage, de l'absurde immoralité de cette tutèle où l'on veut mettre le père lui-même : je n'y insisterai donc pas ici ; mais je demanderai encore avec la loi romaine, si l'on compte trouver dans le cœur des étrangers une affection plus réelle pour les enfans, que dans celui de leur père.

Cette jouissance attribuée au père seroit, suivant les observations que je cite, un renouvellement du droit de garde, qui paroissoit aboli pour toujours, et qui doit être à jamais odieux, attendu qu'il tire son origine de la féodalité. C'est un de ces argumens irrésistibles, au moyen desquels on croyoit être autrefois dispensé d'entrer en discussion. C'est le reproche *bannal* qu'on fait à toutes les institutions qui déplaisent (1). L'esprit du temps

(1) Lorsque le gouvernement proposa, l'année passée, la sage loi du 4 germinal an 8, sur la faculté de tester, on prétendit qu'elle tendoit à rétablir le droit d'aînesse, qui étoit une institution diabolique, descendant en ligne directe de la féodalité. Mais outre que cette loi étoit autant en faveur des cadets que des aînés, ceux qui faisoient cette objection n'avoient jamais sans doute lu la Bible; car ils auroient vu, dans la Genèse, qu'Esau vendit son droit d'aînesse à Jacob pour un plat de lentilles ; ce n'étoit pas bien cher : mais cela prouve du moins que ce droit existoit alors, et qu'il y avoit certaines prérogatives attachées.

On ne voit pas cependant qu'il y eût dans ces temps-là des Comtes, des Barons, des Marquis, etc. ; des censes, des bannalités, et tout cet attirail du régime féodal.

Le même reproche se renouvela, lorsque

où nous vivons, n'admet pas plus, ce me semble, ces *bannalités* que les au-

---

le gouvernement proposa aussi de faire payer les rentes, à ceux qui avoient reçu des biens à la charge d'une redevance annuelle. C'étoit encore là de la féodalité toute pure. Cependant, avant qu'il fût question de féodalité dans le monde, on trouve qu'il est parlé du *cens* et du *canon*, ou de la rente emphytéotique ou foncière, dans les livres du droit romain. Au reste, il faut convenir que si on ne trouve pas de féodalité dans l'opinion, qui veut que l'acheteur garde le fond qu'il a acquis sans en payer le prix, il n'y a pas aussi beaucoup de loyauté.

J'aurai même le courage d'ajouter qu'on ne doit pas juger de la féodalité par les débris que nous avons vu disparoître de nos jours; c'en étoit l'écume. Le régime féodal fut celui de l'Europe entière pendant le moyen âge; plusieurs auteurs en ont parlé avec éloge, entre autres Montesquieu, qui a mis tous les charmes de son talent dans la longue description qu'il en a faite. Il portoit en lui-même un principe d'anarchie qui en entraîna la destruction; mais il y avoit une grande moralité dans les divers rapports dont il étoit formé; on en vit sortir tres. On pourroit indiquer, de ce droit des pères, une source plus pure dans les lois romaines, qui l'étendent même pendant la majorité, et en subordonnent entièrement la durée à la volonté paternelle.

Mais ç'auroit été là un motif de plus pour le proscrire ; car suivant les mêmes observations, *les pères doivent amasser et travailler pour leurs enfans ; et il est contre nature que le bien des enfans serve à enrichir les pères.* On remonteroit jusques aux vers dorés de Pythagore, qu'on ne rencontreroit nulle part une maxime de cette force. Elle confirme du moins ce que j'ai dit plus haut, qu'on n'a jamais eu, dans le pays coutumier, une idée juste de la puissance paternelle.

Lorsque vers la fin du dix-septième

___

des institutions si excellentes, que des siècles anti-féodaux se sont empressés de les accueillir, tels que les jugemens par jurés, etc.

siècle, on éleva, au parlement de Paris, l'étrange question de savoir si un homme, qu'on disoit avoir été assassiné, pouvoit se représenter et prouver qu'il étoit encore en vie, (question, soit dit en passant, qui n'a jamais pu faire un doute que dans les tribunaux français) (1), D'Aguesseau, qui portoit la parole, entraîné tout-à-coup par un des plus beaux mouvemens de l'éloquence moderne, évoqua et fit parler *ces maîtres du monde, ces législateurs de l'ancienne Rome, dont les lois,* dit-il, *règnent souvent parmi nous, par la seule force de la raison, sans emprunter le secours de l'autorité.*

Que n'ai-je le talent de ce grand magistrat, ou plutôt que ne peut-il lui-même interroger ces oracles célèbres, et leur prêter encore, sur

_____

(1) Dans l'affaire de la Pivardière.

l'autorité

l'autorité paternelle, des discours dignes d'eux. Ah! sans doute ils nous
diroient que « chez eux la piété filiale
» étoit le fondement de toutes les ver-
» tus; que le respect que les enfans
» avoient pour leurs pères égaloit ce-
» lui qu'ils portoient aux Dieux mê-
» mes; que dans les maisons, rien ne
» bornoit l'autorité et la puissance su-
» prême des pères, objets tout-à-la-
» fois de vénération et de crainte; que
» par-là régnoit dans les familles la
» discipline la plus austère avec les
» mœurs les plus pures, et se for-
» moient ces excellens citoyens, qui,
» par leur sagesse, leur prudence,
» leur amour pour le bien de la pa-
» trie, en étoient tout-à-la-fois la gloire
» et le soutien ».

Les ennemis les plus acharnés de
la puissance paternelle, ne sont pas
sans doute les magistrats qui répu-
gnent à l'admettre dans toute son

étendue, par la raison seulement qu'elle ne s'accorde point avec les principes et les habitudes dans lesquels ils ont été élevés ; mais bien plutôt ceux qui la repoussent, comme ne pouvant se concilier avec cette liberté illimitée, ou pour mieux dire, avec cette licence qu'ils voudroient voir établir.

Il n'est pas d'argumens qu'ils n'imaginent pour la combattre. Il est, dit-on, plus d'enfans que de pères ; il y a donc plus de probabilité qu'un père délaissera ses enfans, qu'il ne sera délaissé par eux. Dans le grand nombre, il y en aura toujours quelqu'un qui remplira, à son égard, les devoirs qui lui étoient imposés en commun avec ses frères. On en conclut l'inutilité d'accroître, même pour l'intérêt des pères, les prérogatives de leur puissance.

Quelque imposans que soient au-

jourd'hui les argumens mathémati-
ques, je crois pouvoir assurer que celui-ci se trouve démenti par la première et la plus incontestable de toutes
les preuves, celle de l'expérience.

Dans les pays où les affections mutuelles des pères et des enfans, n'étant
contrariées par aucune cause extérieure, ont pu se développer en toute
liberté, on a été plus a portée qu'ailleurs de connoître le degré d'élévation
et de chaleur, où l'une et l'autre étoient
capables d'arriver.

Or, dans ces pays il y a un proverbe qui dit; *qu'un père nourriroit
cent enfans, mais que cent enfans ne
nourriroient pas un père;* et ceux qui
ont observé les hommes, et sur qui
des exemples répétés font plus d'impression que les calculs chimériques
d'une imagination prévenue, sont forcés de convenir que le proverbe a
raison.

c *

Qui pourra nier que les exemples d'ingratitude et de dureté ne soient très-fréquens de la part des enfans envers leurs pères; tandis que les plus grands torts de ceux-ci ne sont souvent que dans un excès de foiblesse et de condescendance pour eux. Ce n'est que dans des momens de fureur, de délire, ou dans les transports d'une grande passion, qu'on a vu des pères se rendre coupables de quelque acte de barbarie envers ses enfans; on n'en cite aucun de réfléchi ou de sans-froid. On ne finiroit pas, s'il falloit rappeler ceux des enfans, dont l'histoire seulement a conservé le souvenir.

Tout le monde sait l'histoire de Sophocle, que ses fils vouloient faire interdire, sous le prétexte qu'il n'étoit plus en état, à cause de son âge, de régir ses affaires. Il fut renvoyé par les juges après qu'il leur eut lu sa belle tragédie d'OEdipe à Colonne, qu'il venoit de composer ; sujet d'autant plus heureux en une telle occasion, qu'il offre un tableau très-pathétique de la barbarie de deux enfans dénaturés, envers un père malheureux.

Il n'est guères d'exemple plus atroce en ce genre, que celui dont Rome fut témoin sous l'empire de Tibère. La sombre méfiance de ce tyran encourageoit par des récompenses les dénonciateurs, race née, dit Tacite, pour le malheur du genre humain, et qu'on ne sauroit trop contenir par des peines sévères. Un fils osa se rendre le délateur de son père, vieillard infortuné, qui vivoit depuis long-temps dans l'exil, d'où on le tira pour lui faire subir une condamnation plus forte, sur l'accusation de celui qui lui devoit le jour. Rien n'est plus déchirant que la scène que donna leur confrontation en présence du Sénat, et dont Tacite a rendu les traits avec ce pathétique

que tout le monde lui connoît (1). Dans ces jours de calamité, qui, si près de nous par leur date, semblent si loin dans le passé, par l'invraisemblance même des forfaits dont ils furent les témoins ; dans ces jours, dis-je, où le crime, excité par tant de moyens et appuyé de tant d'exemples, prit tout l'essor dont il étoit capable, j'ai ouï parler de fils qui avoient trahi leur père, et l'avoient livré à ses bourreaux ; des pères qui se soient oubliés jusques à ce point, on n'en cite aucun ; d'où on peut conclure qu'un tel crime est impossible.

Je pourrois rappeler encore les nombreux parricides, commis de tous les temps, et qui s'étoient tellement multipliés ces dernières années, que le rédacteur de l'*Ami des Lois* en fit un jour l'effrayante remarque.

Mais voilà peut-être trop de détails

––––––––––

(1) *Tacit. Ann. IV.* 28.

affligeans pour justifier une puissance, dont trente siècles au moins d'une existence non interrompue et bien constatée dans notre Europe, démontrent assez l'excellence et la sagesse.

La même différence pour la moralité, se remarque dans les observations des tribunaux, sur plusieurs autres points, moins importans à la vérité, que celui que je viens de discuter si longuement ; sur l'interdiction, par exemple, pour cause de prodigalité. Il n'y a rien de plus juste et de plus moral en même temps, que ce qu'a dit, à cette occasion, le tribunal de Montpellier.

Dans les observations du tribunal d'appel de Paris, on prétend au contraire *qu'en thèse générale, l'interdiction pour cause de prodigalité, est souverainement injuste, attentatoire au droit de propriété, etc.*

J'ai tâché d'indiquer, dans cet ouvrage, la cause de l'abandon qu'on semble vouloir faire de nos anciens principes sur cette matière ; je ne puis qu'y renvoyer le lecteur.

Ce n'est point seulement par leur moralité que les lois romaines l'emportent sur les lois coutumières, mais encore par leur simplicité. Il est vrai qu'il y a beaucoup de rapports entre ces deux qualités.

La simplicité des lois consiste non-seulement à n'établir que celles qui sont absolument nécessaires, mais encore celles qui sont d'une facile exécution. Les formes trop compliquées deviennent des piéges pour le commun des hommes, et des moyens que les fripons vigilans et adroits font servir au succès de leurs frauduleuses spéculations. Prenons sur cela l'exemple des tutèles.

Le tribunal de Montpellier a parfaitement bien développé le système tutélaire du droit romain, qui, simple dans son mécanisme, adapté aux lois de la nature et aux progrès de la raison, n'exigeant que des formes peu nombreuses, prévient nécessairement les contestations interminables et ruineuses, que le système du droit coutumier ne cesse d'engendrer.

Néanmoins, dans les observations du tribunal de Paris, le titre des tutèles du projet de code civil, est réputé comme un des meilleurs de tous, et cela, *parce qu'on y avoit pris pour guide les réglemens pour les tutèles Normandes et Bretonnes.*

Mais ce titre a produit une impression bien différente dans les tribunaux d'appel des pays de droit écrit; ils ont en général été effrayés de ces divisions arbitraires de la tutèle, de ces formes compliquées et multipliées sans nécessité, qui, dans leur exécution, produiroient des difficultés sans fin, et occasionneroient des frais tels, que les successions des fournisseurs les plus opulens pourroient à peine y suffire. Toutes les autres n'auroient pas de quoi payer les formalités imaginées pour les conserver.

Il est facile, d'après tout ce que je viens de dire, de connoître, d'une manière précise, les lois qui méritent le reproche d'immoralité. Il ne faut pas ranger seulement dans cette classe celles qui sont un vrai scandale, et qui, en tolérant l'adultère, l'inceste, ou en donnant au divorce une trop grande facilité, excitent et nourrissent les passions les plus infames et les plus dangereuses. Il en est une infinité d'autres où le vice, quoique plus caché, n'en est pas moins réel ; ce sont toutes celles qui favorisent la fraude ou la mauvaise foi, en leur laissant l'impunité, ou en créant des formes si difficiles et si compliquées, qu'elles seules ont l'art d'en profiter; ce sont enfin celles qui tendroient à aliéner les cœurs, ou à fomenter la désunion entre des personnes, parmi lesquelles l'intérêt de société exige qu'il règne une inaltérable concorde.

Ainsi la loi qui supprime l'action pour lésion d'outre moitié dans les ventes, est une loi immorale. C'est déjà une extrême injustice de permettre, que dans un contrat où les mises doivent être égales de part et d'autre, l'une des parties puisse donner une valeur moindre de moitié, que celle qu'elle reçoit; mais le plus grand inconvénient de cette funeste tolérance, est d'encourager la fraude, et de faire ses dupes impunies des hommes simples et de bonne foi.

C'est encore une loi immorale que celle qui exige des inscriptions hypothécaires entre les époux ou entre les pères et les enfans. Cette précaution annonce une méfiance, qui peut et qui doit en troubler la paix (1).

---

(1) Quoique je parle assez au long, dans cet ouvrage, de l'immoralité de nos lois actuelles sur le mariage, il faut que je rappelle ici la nouvelle preuve qu'en fournit un arrêté du préfet de la Gironde, dont tous les papiers publics ont parlé. Ce préfet, à l'occasion d'un homme qui, après s'être marié seulement devant un prêtre, a cru pouvoir abandonner celle à qui il avoit engagé sa foi, défend aux ministres des cultes de célébrer aucun mariage, avant que l'acte en ait été rédigé par l'officier de l'état civil. Des défenses pareilles à celles de ce préfet, et de bien plus sévères encore, existoient déjà. On voit quel en a été le produit ; il ne peut être différent, quand on se met en opposition ouverte avec les préjugés, les opinions, les habitudes, les seules choses qui gouvernent le commun des hommes. Tels étoient encore les effets des lois d'autrefois sur les mariages des protestans ; du moins les Parlemens, quand ils ne pouvoient éluder la lettre si expresse de ces lois, condamnoient-ils à des dommages et intérêts celui qui croyoit pouvoir violer sa foi, sous le prétexte d'une omission, dont il avoit été complice. Nous

Cette union bien prouvée de la jurisprudence avec les principes fondamentaux et conservateurs de l'ordre social, démontre qu'elle est l'excellence de cette science importante. On ne s'étonne plus que les anciens la regardassent comme la première source de la civilisation ; et l'on voit combien Justinien étoit fondé à l'appeler la seule et vraie philosophie.

La Jurisprudence ne consiste pas uniquement, quoique ce soit une de ses branches principales, à connoître les diverses règles qui naissent des rapports infinis des hommes entre eux ;

---

avons le beau plaidoyer que fit, dans une cause de cette espèce, au Parlement de Grenoble, l'avocat général Servan. Il n'y a pas de cœur sensible où ne retentissent encore ces paroles, avec lesquelles il dépeignoit, d'une manière si touchante et si énergique, le sort de cette infortunée victime d'une législation aussi féroce que stupide : *Elle se couche vertueuse*, disoit-il, *elle se lève prostituée.*

à quoi cela serviroit, sans l'art de faire une juste application de ces règles aux cas non moins infinis, que font naître leurs communications journalières. C'est ici une des opérations les plus difficiles qui aient été confiées à la raison humaine, puisqu'à une intelligence supérieure, à un esprit juste et bien exercé, il faut réunir des connoissances très-étendues et très-variées.

Cette réunion devient chaque jour plus rare ; l'ancienne science est en grande partie devenue inutile, et cela n'encourage pas à s'en former une nouvelle.

Les meilleurs esprits ont eu de la peine à se garantir de la confusion qu'a dû nécessairement produire dans leurs têtes le mélange subit des maximes si opposées de l'ancienne et de la nouvelle jurisprudence. Peu savent bien reconnoître le terrain sur lequel ils se trouvent.

La science du droit est, on peut le dire, entièrement désorganisée; elle n'est pas remise encore, il s'en faut de beaucoup, des chocs violens qu'ont éprouvés les personnes et les propriétés. Il faut en quelque sorte rétablir et recréer les principes si fortement ébranlés, et sur lesquels leur sureté repose.

En traçant dans cet ouvrage le plan d'un système général de jurisprudence, je n'ai fait, le plus souvent, que rappeler quelques-uns de ces principes; il m'auroit été impossible d'entrer dans tous les détails.

Il y a cependant tel sujet d'une importance majeure, que les lois révolutionnaires, ont dénaturé à un point, qu'il a bien fallu les discuter avec quelque étendue; le mariage, par exemple. Nulle législation ne présente un désordre dans les idées, pareil à celui qui règne parmi nous, sur ce premier contrat de l'ordre social. Quelques tribunaux d'appel se sont bien aperçus de la contradiction et de l'absurdité des lois qui le régissent, mais aucun n'a bien mis cela au net. J'ai tâché de le faire, en indiquant la nature différente des lois qu'on peut imposer à l'union conjugale, et les limites des pouvoirs du législateur, dans ce qui la concerne. J'ai sur-tout fait voir, ce dont peu de gens se doutent, que dans l'état actuel de notre législation civile, il n'y a pas parmi nous de mariage proprement dit, puisque la ligne qui le sépare d'une union libre, est presque imperceptible : c'est la force seule des mœurs et des habitudes anciennes, qui en conserve encore l'image.

Il est visible, d'après cela, que la science du droit va journellement en décadence. A moins d'efforts constans et bien dirigés de la part du gouvernement, tout est perdu à cet égard ;

et

et nous allons rétrograder vers cette barbarie, où les Gaules tombèrent à la chute de l'empire romain, et d'où elles ont eu tant de peine à sortir. Je rappelle les moyens qu'il fallut employer pour cela. La science des lois fut un des principaux; et cet exemple, indépendamment de ce qu'en pensoient les Anciens, démontre qu'elle est l'unique soutien de la civilisation.

L'enseignement de la législation est aujourd'hui à-peu-près nul, et peut-être pire que s'il l'étoit; car la plupart de ses professeurs, étrangers à la jurisprudence, ne peuvent enseigner qu'une science fort étrange. Nul encouragement d'ailleurs à des études solides. A quoi serviroient-elles, et quel avantage en retireroit-on?

Quelle étrange destinée dans ce siècle, dont on vante tant les lumières, que celle des sciences morales qui, devant diriger les actions des hommes, ont l'influence la plus directe sur leur bonheur? Elles sont entièrement bouleversées; plus de principes certains; plus de guide sûr, au milieu des écueils multipliés de la vie.

On vient de voir dans quelle situation la science du droit se trouve en France; elle n'est guères mieux ailleurs. Depuis environ un siècle, l'Allemagne comptoit un grand nombre de Jurisconsultes, qui avoient presque éclipsé, par leurs travaux, la gloire des plus fameux interprètes des lois. La lumière qu'ils ont répandue pâlit déjà par l'effet des nuages suscités par les systèmes métaphysiques, dont cette contrée est infectée comme tant d'autres, et dont la funeste influence commence de se faire sentir dans la jurisprudence même. On en voit la preuve dans le dernier code Prussien, annoncé comme le produit admirable des lumières réunies des plus célèbres

Philosophes et Jurisconsultes de l'Europe. Il n'y a de vraiment étonnant, que l'obscurité de sa rédaction et l'art avec lequel on est parvenu à embrouiller les règles simples et claires du droit romain, qu'on y a transplantées. J'en parlerai dans la notice que je donne, des principaux codes de l'Europe (1). L'ancien code de Coccéius

(1) Une des méprises les plus remarquables de ce code, est d'avoir voulu régler par des lois positives, des choses qui, suivant l'observation très-judicieuse de Montesquieu, ne peuvent l'être que par les préceptes de la morale. Telles sont ses dispositions concernant *le refus opiniâtre et constant du devoir conjugal; la conduite de l'époux, qui, pendant et après le devoir conjugal, en empêche à dessein le but légal;* (II part. tit. I, art. 694, 695); *sur l'obligation des enfans de soigner leurs parens, particulièrement dans leurs maladies; sur celle d'une mère d'allaiter ses enfans.* (*Ibid. tit. II, ant.* 63 *et suiv.*); et une infinité d'autres. Ces détails, dont quelques-uns semblent avoir été empruntés du fameux livre de Sanchès *de matrimonio,* sont très-déplacés dans un code de jurisprudence. Les lois civiles doivent bien appuyer les préceptes de la morale; mais c'est en ne les contrariant pas par leurs dispositions, et plutôt qu'en s'en appropriant l'autorité et le langage; car, comme je le fais voir dans le *chapitre* 19, elles n'auroient plus en ce cas

étoit bien préférable, puisqu'il étoit au moins intelligible.

Le désir seul d'être utile à ma patrie, qui m'a inspiré l'idée de cet ouvrage, m'a dirigé dans son exécution. Il ne me reste plus qu'à faire des vœux pour que la France surpasse bientôt, par la sagesse de ses lois, les peuples qu'elle laisse déjà si loin derrière elle dans la carrière militaire ; et que le chef de la République Française puisse dire , avec plus de fondement encore que Justinien, au commencement de ses institutes : *Princeps romanus non solùm in hostilibus prœliis victor existat, sed etiam per legitimos tramites calumniantium iniquitates expellat, et fiat, tam juris religiosissimus, quam victis hostibus,* TRIUMPHATOR MAGNIFICUS.

les moyens de constater la soumission ou la désobéissance à leurs commandemens , encore moins de récompenser l'une , et de punir l'autre.

NOUVELLE

NOUVELLE THÉORIE

DES

LOIS CIVILES.

CHAPITRE PREMIER.

De l'origine et de la formation des Lois.

L'AMOUR-PROPRE, si naturel aux hommes, a persuadé à quelques-uns d'entre eux, que les règles qui dirigent la société, sont le produit de leur sagesse, et l'effet de leurs profondes combinaisons. D'après cette idée, il n'y a eu de véritables lois que celles qui ont été rédigées par écrit, et publiées avec des formes plus ou moins solennelles. De grands philosophes, ou du moins des philosophes d'une grande célébrité, ont partagé cette erreur (1).

____

(1) Voltaire, *Dict. phil.* vo. *Lois, section I.re* prétend que les Romains furent pendant trois cents ans sans lois fixes, c'est-à-dire, jusqu'à la rédaction des lois des XII tables ; nous verrons ailleurs qu'il se trompe.

La plupart des nations n'ayant jamais connu, ou n'ayant connu que fort tard l'usage de l'écriture, auroient donc été sans lois. Notre ancienne Gaule, par exemple, ne sut écrire qu'après la conquête des Romains ; elle étoit cependant surchargée d'une telle population, qu'elle se vit souvent forcée, pour s'en débarrasser, d'envoyer au — dehors des colonies nombreuses. Cet excès de population, signe certain d'une grande prospérité, suppose des lois et des lois excellentes.

Les hommes surent donc trouver d'eux-mêmes, et presque sans s'en douter, les règles qu'ils devoient suivre pour leur bonheur et leur repos : elles furent le résultat de la marche libre et naturelle de la société humaine.

Ecoutons sur cela un jurisconsulte romain : « C'est avec raison, dit – il, qu'on observe, » comme loi, une coutume invétérée ; car c'est- » là ce qu'on appelle le droit établi par les » mœurs. Les lois n'étant obligatoires que parce » qu'elles sont décrétées par le peuple, chacun » est tenu d'obéir à ce que le peuple a ap- » prouvé, quoique non rédigé par écrit. Qu'im- » porte en effet qu'il manifeste son vœu par » un suffrage exprès, ou bien seulement par » les choses mêmes et par les faits ? C'est avec » beaucoup de raison qu'on a établi que les

» lois sont abrogées non-seulement par la vo-
» lonté expresse des législateurs, mais encore
» par l'accord tacite de tous, pour n'en plus
» faire usage (1) ».

Ce sont sans doute de semblables maximes, qui, répandues dans les livres du droit romain, l'ont fait appeler la raison écrite.

C'est une espèce d'instinct, bien plus que le raisonnement, qui a dirigé les hommes dans le grand ouvrage de la confection des lois ; et ce guide est d'autant plus sûr, que les sophismes ou les illusions parviennent difficilement à l'égarer. Il s'arrête là précisément où un contentement intérieur indique qu'il faut se fixer. C'est en effet la satisfaction que les hommes éprouvent de l'observation des règles qu'ils se prescrivent, qui est le principe de l'obligation où ils sont d'y obéir. Nous verrons encore ailleurs, que c'est cette satisfaction que les hommes retirent des engagemens qu'ils contractent entre eux, qui est aussi le fondement des obligations qui en sont la suite.

Les lois établies de cette manière, donnent aux peuples une physionomie et un caractère qui leur sont propres, et auxquels on les distingue, comme on reconnoît un simple particulier à ses manières ou à son allure. Elles forment

____

(1) *Leg.* 32, *Digest. de legib.*

1 *

l'esprit public, parce qu'en donnant à toutes les affections une direction uniforme, elles la portent vers le bien général.

Les lois s'identifient par là encore avec les hommes et deviennent, en quelque sorte, une partie essentielle de leur existence. On ne peut les empêcher d'y obéir, qu'en employant la force et la contrainte; comme on est obligé d'enfermer les animaux dans des cages ou des volières, pour les arracher à leurs habitudes naturelles; mais les uns et les autres ne sont plus alors que des êtres dégradés.

Les coutumes ou les lois non écrites ont donc par-tout précédé les lois civiles; et la sanction expresse n'a été que la confirmation de la sanction tacite. En effet, les premiers législateurs se bornèrent à recueillir scrupuleusement les anciennes coutumes, à en retrancher ce que le temps pouvoit y avoir introduit de vicieux, à y faire les additions que les circonstances rendoient indispensables. Nul ne fut si mal avisé, que d'emprunter des lois d'une terre étrangère; encore moins d'en chercher dans le pays des chimères et des abstractions. Ils pensoient, avec raison, *que l'on ne fait jamais rien de mieux, que ce que l'on fait librement, et par l'effet seul de ses habitudes acquises ou naturelles.* Des lois qui dérivent de l'esprit primitif de la législation dont elles font partie, quelque récentes qu'elles soient, ont tous les avantages des anciennes. Elles ne sont que la continuation des maximes et des axiomes pratiques, transmis de main en main, pendant une longue suite de siècles, pour servir de base à la constitution politique de l'état, et de règle aux membres qui le composent.

Sa durée et sa stabilité reposent en effet sur cette conformité des lois nouvelles et des lois anciennes ; et quand il est menacé d'une dissolution générale, Machiavel ne trouve pas d'autre remède à ce danger, que de le rapprocher, autant qu'il est possible, de sa constitution primitive. Sylla ne prolongea de quelques années la durée de la République romaine, qu'en rétablissant l'ancienne forme du gouvernement, si altérée par les Gracques.

Des lois absolument nouvelles, loin de produire le même effet, ne font qu'accroître le trouble et la confusion ; car se trouvant en opposition avec tout ce qui existe, elles éprouvent nécessairement une résistance sourde et souvent ouverte, qui les empêche de prendre une assiette solide. C'est une plante sans racine, que le souffle le plus léger agite ou renverse.

Cependant, la marche de la nature dans la confection des lois, n'est pas toujours paisible et tranquille. Une infinité de causes peuvent la déranger. Tout tend sans cesse au change-

ment : l'espèce humaine à ses périodes d'éléva-
tions ou d'abaissement ; les états eux-mêmes
éprouvent aussi les leurs ; ils sont en outre dé-
chirés ou bouleversés par des factions ; souvent
ils tombent sous le joug des tyrans, où des
conquérans viennent leur donner de force, des
lois et des mœurs étrangères.

Mais à moins que les alternatives d'oppres-
sions et d'anarchie n'engloutissent un État dans
une barbarie totale, l'ascendant de ses lois et
de ses usages primitifs se fait toujours ressentir. Il surmonte à la longue les efforts des factions, et la violence même des conquérans. La
Chine, plusieurs fois subjuguée par les Tartares,
a toujours triomphé d'eux par ses mœurs ; et ses
féroces vainqueurs ont été obligés de se soumettre, à leur tour, à l'empire de ses lois. Ce
phénomène s'est reproduit en plusieurs autres
lieux.

C'est donc avec fondement que les sages de
tous les temps ont regardé le maintien des
mœurs anciennes, comme le gage de la durée
d'un état. Personne ne s'est exprimé à ce sujet
avec plus de force et d'énergie, que Cicéron,
dans un fragment du cinquième livre de son
traité de la République. Je ne puis mieux faire
que de le transcrire ici, tel que j'ai tâché de le
rendre, dans la restauration que j'ai faite de ce
précieux monument de l'antiquité.

« C'est par les mœurs anciennes, a dit Ennius,
» que la République romaine et sa prospérité se
» maintiennent.

» La vérité et la précision de ce vers d'Ennius,
» le font, suivant moi, ressembler à un oracle.
» Car, ni nos grands hommes, sans le secours
» des mœurs publiques, ni les mœurs, sans le
» secours de ces grands hommes, n'auroient pu
» fonder ni maintenir si long-temps un État
» aussi vaste et aussi puissant que le nôtre. Dans
» les âges qui nous ont précédés, on n'admettoit
» au gouvernement de la République, que des
» hommes d'une sagesse consommée ; et ces
» excellens citoyens se faisoient un devoir d'ob-
» server les institutions et les usages antiques.
» Mais la génération actuelle, après avoir reçu
» la République comme un tableau magnifique
» que le temps cependant commençoit à dégra-
» der, a négligé non-seulement de lui rendre
» son ancien lustre, mais encore d'en conserver
» au moins le dessein et les premiers traits. Que
» reste-t-il en effet de ces anciennes mœurs, qui
» faisoient, dit-on, toute la force de la Répu-
» blique ? ne sont-elles pas entièrement hors
» d'usage et ensevelies même dans l'oubli le plus
» profond ? que dirai-je des hommes actuels ?
» les mœurs ont péri faute d'hommes. C'est nous
» qui sommes responsables d'une perte si grande;
» et, accusés d'un crime capital, c'est à nous de

» nous en justifier : si la République n'est plus
» qu'un vain nom , si en réalité elle n'existe plus
» depuis long-temps , nos vices et non pas nos
» malheurs en sont cause (1) ».

***

CHAPITRE II.

De la civilisation, et en quoi elle consiste?

J'AI terminé le chapitre précédent par un fragment de la République de Cicéron ; je commen-
cerai celui-ci par un passage de son oraison pour
Sextius : « C'est le droit ou la force , dit-il , qui
» font toute la différence entre l'état sauvage et
» barbare , et l'état policé et humain. Il faut né-
» cessairement que l'un ou l'autre gouverne les
» hommes. Si l'on veut réprimer la force, il faut
» donner à la loi la plus grande vigueur; car si
» la loi est détruite ou impuissante, la violence
» dominera infailliblement (2) ».

Malgré tout ce que l'on a écrit sur la civilisation, et où l'on a si souvent pris les effets pour la

---

(1) De la République , ou du meilleur gouvernement ,
ouvrage traduit de Cicéron et rétabli d'après les fragmens, etc. pag. 179.

(2) Pro Sextio. cap. 42.

cause, je ne crois pas que l'on ait donné nulle part une idée plus exacte de ce qui la constitue essentiellement. Elle n'existe que là où la loi règne d'une manière absolue et exclusive. Civiliser les hommes, c'est les habituer à ne reconnoître d'autre empire que le sien ; et quand on connoît un peu leur histoire, on voit qu'une telle entreprise n'a pas dû être une chose bien aisée.

Que de temps en effet, que d'efforts et de patience n'a-t-il pas fallu, pour engager les hommes accoutumés à se faire justice euxmêmes, et à ne reconnoître d'autre droit que celui du plus fort ; pour les engager, dis-je, à renoncer à une habitude qui leur étoit si agréable, et à se soumettre avec docilité, à la puissance de la loi, c'est-à-dire, à une autorité invisible et désarmée !

Car la loi ne domine véritablement, que là où elle règne par sa seule autorité et sans aucun secours étranger. Sa destination étant de réprimer la force, elle ne sauroit s'associer avec elle : on n'allie pas les contraires.

La loi ne pourroit, sans se mettre en danger, appeler la force à son secours ; elle en seroit tôt ou tard culbutée. L'action de la force est vive, impétueuse ; elle ne connoît pas de règle, ni n'écoute de conseil. Celle de la loi, au contraire, est lente et réfléchie ; elle délibère sans cesse, et se dirige d'après des règles constantes. La loi doit donc trouver sa force en elle-même, ou elle n'en a pas.

Qu'on ne dise point qu'il n'est rien d'aussi commun que de voir la force appuyer les actes de la justice? rien n'indique plus que son autorité est chancelante, que lorsqu'elle est obligée de recourir à ce dangereux expédient; car si la force prête quelquefois son secours à la justice, il arrive bien plus souvent encore, qu'elle sert d'appui à l'injustice; et c'est à quoi ne paroissent pas avoir réfléchi ceux qui, à diverses reprises, ont déclaré que la force est essentiellement obéissante. Outre que cela est absolument contradictoire avec l'idée que l'on a communément de la force, qui ne connoît de sa nature d'autre obstacle ou d'autres limites, qu'une force égale ou supérieure; pour parer à l'inconvénient dont je parle, il auroit fallu dire qu'elle étoit essentiellement obéissante à la justice, et alors la fausseté d'une telle proposition eût été évidente.

L'abus de la force est possible et même journalier; celui de la loi ne peut être ni long, ni extrême; les formes auxquelles elle s'est assujettie, la retiennent dans l'exercice légitime de sa puissance; sitôt qu'elle s'en écarte, l'arbitraire paroît, et le prestige, qui lui servoit d'appui, s'évanouit. Elle n'a plus de moyen de se faire obéir. Alliez au contraire la justice et la force ; l'une manquant, l'autre reste.

Cicéron avoit pris sans doute, dans la constitution de Rome, l'idée qu'il nous a donnée plus haut de la civilisation. Nul état, sans doute, ne s'est acquis par les armes, plus de gloire que celui-là ; cependant, par une particularité qu'il semble qu'on n'a pas trop remarquée, pendant tout le temps de sa plus grande prospérité, il n'eut aucun besoin de la force, pour le maintien de sa tranquillité intérieure. Tout appareil militaire étoit banni des murs de Rome. Les comices par centuries ne pouvoient se tenir dans son enceinte, parce que les citoyens, quoique désarmés, y assistoient en ordre de bataille. Il y avoit un habit de paix et un habit de guerre. Les consuls même ne pouvoient se revêtir du second, qu'au moment où ils partoient pour aller prendre le commandement des armées ; ils étoient obligés de le quitter avant de rentrer dans la ville. Comme généraux, ils avoient à l'armée l'autorité la plus illimitée ; comme magistrats civils, ils n'avoient que leurs licteurs pour faire exécuter leurs ordonnances. Les tribunaux n'avoient que des huissiers pour le même objet. Tant que les lois eurent quelque vigueur, jamais ils ne furent obligés de demander l'appui de la force publique. Ce fut, si je m'en souviens bien, dans l'affaire de Clodius où l'on vit, pour la premières fois, des juges s'environner d'un appareil militaire. Mais tout le monde sait qu'à cette époque, l'autorité de la loi étoit à peu-près nulle.

L'innovation dont je parle, porta la terreur chez tous les bons citoyens qui en prévirent les conséquences : elle fit dire aussi de bons mots. On prétendit que les juges ne s'étoient fait garder par des soldats, que pour empécher qu'on ne leur ôtât l'argent, que l'accusé leur avoit fait distribuer pour acheter son absolution (1).

C'étoit la puissance morale de la religion et des lois qui gouvernoit seule dans Rome. « Ro-» mulus par ses auspices, dit encore Cicéron, » et Numa par ses institutions religieuses, po-» sèrent les premières bases de cette prospérité, » à laquelle la République romaine est parve-» nue (2) ».

On a, à la vérité, reproché aux Prêtres Romains, leurs augures et leurs aruspices ; aux Jurisconsultes, l'embarras et les subtilités de leurs formules, le mystère qu'ils en faisoient, pour assurer davantage leur autorité. Mais est-ce leur faute ou celle des hommes, qu'on ne peut

---

(1) On peut voir encore les plaintes éloquentes de Cicéron à ce sujet, dans l'exorde de son plaidoyer pour Milon.

(2) *De natur. deor.* III. 2.

contenir ou empêcher de s'entre égorger, qu'en
les menant par de tels moyens? Quoiqu'on en
dise, l'homme n'est pas un être d'un naturel
bien pacifique ; et il ne faut pas en avoir fait une
longue étude, pour se convaincre que l'état de
guerre est son état habituel. La civilisation eût
été impraticable, si l'on n'eût trouvé des expé-
diens pour réprimer ou pour donner le change
à cette ardeur inquiète et turbulente, qui pousse
sans cesse les hommes à se nuire ou à se tour-
menter mutuellement.

On n'eût pas la prétention chimérique d'empêcher toute querelle parmi eux. Aux combats
à force ouverte, on substitua les débats de la
langue ou de la plume. L'introduction de ce
nouveau genre d'escrime, forme une grande
époque dans l'histoire de l'espèce humaine ; elle
marque le passage de la barbarie à la civilisation.
Les inventeurs de cet utile procédé, rendirent
un service signalé au genre humain ; car après
tout, il vaut bien mieux user des paroles ou
consumer de l'encre, que de verser des flots de
sang.

Nous trouvons, dans notre propre histoire,
une exemple des effets de la civilisation, à
peu-près pareil à celui que nous a présenté la
République romaine. Il n'y a personne qui ne
se souvienne encore de l'immense autorité dont
jouissoient nos anciens parlemens ; elle en im-

posoit non-seulement aux citoyens de toutes les classes, mais souvent encore elle embarrassoit le gouvernement lui-même.

Cependant si l'on y fait bien attention, on verra que ces cours n'avoient, à proprement parler, que leurs huissiers pour faire exécuter leurs arrêts. Jamais il ne leur vint dans l'esprit de s'adresser pour cela à la force armée, qui d'ailleurs n'auroit pas obéi. Cela paroîtra d'autant plus extraordinaire, lorsque dans les chapitres suivans, en traçant rapidement l'histoire du rétablissement de la civilisation en France, j'aurai fait voir de quel point on étoit parti, pour arriver jusques-là.

Mais il faut qu'auparavant je m'arrête quelques instans sur les causes de la confusion que l'on remarque dans la législation de tous les peuples. Ces recherches nous seront très-utiles pour l'intelligence de ce que j'ai à dire, dans la suite de cet ouvrage, sur les moyens d'améliorer les lois et d'en bien ordonner le système général.

CHAPITRE III.

Des causes principales de la confusion des Loix.

La législation des peuples suit, pour l'ordinaire, les variations de leur fortune et de leurs destinées. Foible comme eux dans son enfance, elle se développe et s'agrandit avec leur puissance, leur génie, leur commerce, leur industrie. Mais cet agrandissement des lois, nuit presque toujours à leur force, qui s'affoiblit à raison de l'étendue de la sphère, où elle doit s'exercer.

Les lois, comme nous l'avons vu plus haut, tirent leur plus grande vigueur de leur accord avec les mœurs. Tant que cet accord existe, elles luttent avec avantage contre les passions qui cherchent continuellement à se soustraire à leur empire, et elles réussissent du moins à leur donner une direction utile.

Mais lorsque le torrent de la corruption parvient à ébranler la digue que les mœurs lui présentent, la loi isolée ne supplée plus qu'imparfaitement à leur insuffisance. Elle a beau appeler d'autres lois à son secours, celles – ci en exigent bientôt de nouvelles, et la multitude des remèdes ne sert qu'à aigrir le mal ou à constater l'impossibilité de le guérir (1).

____

(1) *Corruptissima respublica, plurimæ leges,* Tacit.

Dailleurs les années s'accumulent, les siècles s'écoulent, les usages, les mœurs, les gouvernemens même éprouvent des changemens et des révolutions; tout ce qui tient aux hommes est si mobile et si peu stable, que jusqu'aux mots par lesquels ils se communiquent leurs idées ou leurs besoins, s'altèrent avec le temps. Les générations nouvelles entendent avec peine le langage de celles qui les ont précédées. Les lois relatives à toutes ces choses, doivent infailliblement subir les mêmes vicissitudes; les unes tombent de vétusté, et les autres sont condamnées à l'oubli, par leur inutilité.

Celles qu'on leur substitue ne sont pas toujours analogues aux circonstances, ni conformes à l'esprit général de la législation. Les tribunaux, chargés d'en faire l'application, varient ou se contredisent dans leurs jugemens. Les jurisconsultes qui s'arrogent le droit d'interpréter les lois, et qui ont la prétention de les éclaircir, ne font souvent que les obscurcir par la diffusion de leurs commentaires, ou par la subtilité de leurs explications.

L'introduction des lois étrangères ne peut manquer de mettre beaucoup de confusion dans la législation du peuple chez qui elle a lieu; mais c'est quelquefois un mal nécessaire; car autant cette introduction est funeste pour un peuple bien constitué et dont les institutions tendent

tendent d'elles-mêmes à se perfectionner, autant elle devient utile pour celui qui, plongé dans la barbarie, ne peut plus s'en tirer sans un secours extraordinaire. Nous verrons ailleurs que ce ne fut que par un expédient de ce genre, que l'Europe, principalement la France, recouvrèrent leur civilisation dans le moyen âge.

Il en est donc de la jurisprudence, comme d'un fleuve qui, chétif ruisseau dans sa source, voit ses eaux s'accroître et son lit s'agrandir, à mesure que son cours se prolonge et qu'il parcourt une plus grande étendue de pays; il finit par former un océan sans bord et sans rivages.

C'est sur-tout là l'image de la législation d'un peuple qui compte plusieurs siècles d'existence.

Il n'est pas aisé de trouver la boussole qui peut conduire au milieu des écueils qu'elle présente. De toutes les entreprises de l'esprit humain, il n'en est aucune d'où il se soit plus mal tiré jusqu'à présent, et où sa foiblesse se soit mieux montrée, que dans celle de débrouiller le chaos de la jurisprudence, et d'en former un système général. Une seule fois, sous Justinien, il a osé embrasser un tel projet dans toute son étendue; mais malgré les éloges que ce prince se donne dans ses préfaces, et quoiqu'il s'y vante d'avoir accompli un ouvrage, qu'on croyoit avant lui au-dessus des forces humaines, il y a long-temps qu'on sait à quoi s'en tenir sur une telle jactance.

C'est donc une imperfection attachée à la longue durée d'un état, d'avoir une masse de lois entassées en quelque sorte les unes sur les autres, pour me servir des expressions de Tite-Live.

Ce qui rend le dessein de les débrouiller d'une exécution aussi dangereuse que difficile, c'est qu'une liaison imperceptible unit, pour ainsi dire, toutes les parties de ce chaos apparent; on ne peut entreprendre de les remuer qu'avec la plus grande circonspection, parce que la perspicacité la plus rare ne suffit pas toujours pour bien discerner ce qu'il est possible de retrancher, de ce qu'il est essentiel de conserver. Telle pièce paroît inutile au dehors, qui tient peut-être au dedans à la clef de l'édifice. Il est dans la jurisprudence, comme dans le globe, des terres inconnues et inhabitées, qui sont nécessaires à son équilibre.

La jurisprudence romaine, à laquelle il faut sans cesse revenir, soit parce que c'est celle dont l'histoire nous est le plus connue, soit parce qu'elle a fourni une infinité de matériaux aux législations modernes, et sur-tout à la nôtre : la jurisprudence romaine n'étoit en réalité qu'un amas de lois anciennes, modernes et nouvelles, que le temps avoit formé, et qu'avoient encore accru les décisions des tri-

bunaux et les interprétations des jurisconsultes.
Les livres qui la renfermoient étoient si vo-
lumineux, qu'on prétend que du temps de
Justinien, ils auroient suffit pour faire la
charge de plusieurs chameaux. Cela a paru
extraordinaire; mais telle nation aujourd'hui
seroit assez riche en ce genre, pour fournir
une pareille cargaison.

Justinien tenta d'en alléger le poids. Je tâ-
cherai d'apprécier ailleurs le mérite de son
travail; je me bornerai à observer ici qu'il fit
quelques changemens, dont l'utilité est encore problématique, dans certaines parties de
la jurisprudence; mais l'ensemble resta toujours le même. Le fil de la tradition ne fut
point interrompu; et la source du droit romain alloit toujours se perdre, au milieu des
ténèbres, qui enveloppent le berceau de la
vie éternelle.

Malgré tous les reproches que l'on fait au
droit romain, et la confusion que le temps
et l'imperfection attachée à tout ce qui vient
des hommes y avoient introduites, on n'a
pas encore prouvé qu'on ait mieux fait ailleurs. Ce droit a rempli son objet, puisqu'il
a été constamment le palladium de la civilisation romaine, au milieu des vicissitudes
d'un gouvernement qui passa par toutes les
épreuves de la fortune; et qui, dans les douze

sciècles de sa durée, parcourut les extrêmes
de la liberté et ceux du despotisme.

Le corps du droit romain formoit un recueil
bien précieux pour le peuple auquel il étoit
destiné : là se trouvoit le dépôt de la sagesse
de ses pères; des maximes qu'une suite non
interrompue d'hommes aussi justes qu'éclairés,
avoit recueillies et conservées, pour le bonheur et le repos de leur pays. Si leurs vues
patriotiques n'avoient pas toujours été remplies, c'est qu'il est des choses qui sont au-
dessus de la prévoyance humaine; et que cette
force invisible, qui élève et qui abaisse les empires, se rit de ces monceaux de sable, qu'on
ose opposer à sa force irrésistible.

Il y a dans les lois romaines des choses qui
nous paroissent extrêmement subtiles; d'autres, en grand nombre, dont nous ne pouvons
retirer aucune utilité; mais ce n'est pas aussi
pour nous qu'elles avoient été faites.

Il est bien plus étonnant qu'après tant de
siècles, lorsque de si grands changemens se
sont opérés dans les mœurs, dans les gouvernemens, on trouve encore, dans les ouvrages
des jurisconsultes romains, tant de règles qui
peuvent nous diriger dans les actes journaliers
de la vie. C'est que ces grands hommes n'a-
voient pas créé ces règles; ils les avoient dé-
couvertes en observant la nature de la société

humaine, et la manière dont se forme le
lien commun, qui en unit tous les membres.
De - là aussi dérivoit cette moralité qui dis-
tingua le peuple romain dans les beaux jours
de sa gloire, et dont on retrouve encore des
traces, au milieu des plus grands ravages de
la corruption. L'esprit humain, livré à ses
seules forces, ne pouvoit aller au - delà.
La fraude, la mauvaise foi, l'immoralité, y
trouvent la flétrissure qu'elles méritent; la décence, la pudeur y sont honorées et défendues.
On n'a jamais mieux connu les véritables bases
de l'ordre social, et consacré d'une manière
plus spéciale, les autorités morales qui en sont
le plus ferme soutien, telles que la puissance
paternelle, l'autorité maritale ; en un mot,
toutes celles qui tiennent aux mœurs et dérivent des inspirations tendres et affectueuses
de la nature.

Le droit romain, sous ce rapport, est le
premier modèle que doit choisir un législateur,
et l'oracle infaillible dont il doit rechercher les
inspirations. Nul autre code ne lui présentera,
comme celui-là, l'ensemble de la jurisprudence, parce que nulle part on n'en a jamais
rassemblé toutes les parties d'une manière aussi
complète. C'est dans cette source que sont
venus puiser les plus célèbres jurisconsultes
modernes. On est d'autant plus digne de ce

nom, qu'on est plus versé dans la connoissance des lois romaines. Des peuples entiers
ont cru travailler efficacement pour leur bonheur, en les adoptant presque toutes sans distinction; d'autres plus prudens, ou qui ont
cru que leur gloire nationale étoit intéressée
à les repousser, n'ont cependant pu s'empêcher de rendre hommage à la haute sagesse,
qui les avoit inspirées.

CHAPITRE IV.

De la législation des Gaules, sous les Romains et les Francs.

Apès avoir rappelé quelques idées essentielles
sur la formation et le développement des lois,
et sur les bases de la civilisation, mon sujet
me ramène vers la législation du pays que
nous habitons. Je n'en reprendrai pas l'histoire, au-delà de la conquête des Romains.

Les quatre siècles que les Gaules passèrent
sous leur empire, si on en excepte quelques
années de troubles et de rebellion, furent pour
elles quatre siècles de bonheur et de prospérité. La Gaule septentrionale, sur-tout, étoit
plutôt sous la protection que sous la dépen-

dance des Romains : elle avoit conservé ses
lois, ses mœurs, et en grande partie son ancienne administration. Comme la Gaule méri-
dionale, appelée la Province Romaine, elle
renfermoit une population nombreuse, et une
quantité considérable de cités florissantes.

Cependant cette inquiétude naturelle aux
hommes, et principalement aux Gaulois, et
qui n'exerce jamais mieux son action qu'au
milieu des jouissances de la prospérité, les portoit sans cesse à vouloir secouer le joug. Les
chefs des nations Germaniques, que le Rhin
seul séparoit des Gaulois, y fomentoient cette
inquiétude, à dessein d'y exciter des troubles,
qui favorisassent la conquête d'un pays qui valoit beaucoup mieux alors que le leur.

Tacite nous a conservé le discours que fit à
ce sujet un général romain, dans une assemblée des cités de Langres et de Trèves, et dont
il ne sera pas hors de propos de rapporter
quelques passages. « L'art de bien dire me fut
» toujours étranger, et je n'ai soutenu jusqu'à
» présent, que par les armes, la gloire du nom
» romain ; mais puisque les harangues ont un
» si grand pouvoir sur vous autres Gaulois,
» que vous ne jugez pas du bien ou du mal
» d'après leur propre nature, mais seulement
» d'après les discours des factieux, il faut bien
» que j'essaie de vous donner quelques avis,

» dont je pense que vous ferez bien de pro-
» fiter. Ce ne sont pas des motifs d'intérêt par-
» ticulier, qui ont conduit les Romains dans
» les Gaules ; ils y sont venus sur l'invitation
» de vos ancêtres, pour mettre fin à leurs dis-
» cordes intestines, et les délivrer du joug
» des Germains, qu'ils avoient si imprudem-
» ment appelés à leur secours. Tout ce que
» les Romains ont fait pour vous empêcher
» d'y retomber encore, est assez connu ; et
» ce n'est pas pour défendre l'Italie qu'ils se
» sont établis sur les bords du Rhin. Pouvez-
» vous croire que les Germains seront plus gé-
» néreux à votre égard, qu'ils ne le furent en-
» vers vos pères ? Ils n'ont d'autre but que
» d'échanger leurs marais contre vos plaines
» fertiles. Ils mettent en avant le nom de li-
» berté, et d'autres aussi spécieux ; mais quel
» est celui qui, pour asservir les autres et
» établir sa propre domination, n'a pas em-
» ployé de pareils leurres ? Si jamais, ce dont
» les Dieux veulent nous préserver, l'empire
» romain venoit à disparoître, et que l'on vît
» s'écrouler ce grand corps formé par huit
» cents ans de bonheur et de sagesse ; des
» guerres éternelles entre les peuples qui le
» composent, ne seroient-elles pas la suite
» nécessaire d'un tel désastre » (1) ?

____

(1) *Tacit.*, *Hist. lib.* V, 73.

Cette prédiction se vérifia à la lettre. Les peuples Germains avoient fait, à diverses reprises, des incursions dans les provinces des Gaules, situées le long du Rhin, et y avoient commis des ravages effroyables; mais toujours repoussés, ils ne purent pendant long-temps y former un établissement solide.

Ce fut le dernier de décembre de l'année 406, que les Vandales, les Alains et d'autres peuples barbares, ayant passé le Rhin, se répandirent dans les Gaules comme un torrent dévastateur, et commencèrent cette longue période de calamités, auxquelles ce pays a été en proie pendant une si longue suite de siècles. De nouveaux barbares arrivèrent bientôt sur les traces des premiers; des débats sanglans s'élevèrent parmi eux pour le partage de cette précieuse conquête, qui reçut le nom de France, de la nation qui en demeura maîtresse.

Les mœurs de tous ces peuples étoient excessivement barbares, et leurs habitudes féroces. Ils n'avoient guères d'autre occupation que le pillage ou le meurtre. Leurs lois n'étoient que quelques coutumes non écrites, qui suffisoient à peine pour empêcher qu'ils ne s'égorgeassent à chaque instant, et pour le moindre prétexte. Ils ne connoissoient d'autre autorité que la force; et leurs différens ne se décidoient que par le combat, où tout l'avantage étoit pour le plus robuste ou le plus adroit.

Pour prévenir cet inconvenient, les plus sages d'entre eux imaginèrent d'obliger les accusés à marcher sur des fers chauds, ou à enfoncer leurs mains dans de l'eau bouillante. Comme les élémens ne font acception de personne, ils croyoient établir par là une espèce d'égalité; mais cette idée démocratique ne fit pas fortune. On conserva ces épreuves uniquement pour les femmes, avec lesquelles on eut la galanterie de ne vouloir pas se battre; mais les hommes n'en voulurent pas d'autres, que celle par le combat.

Peut-être que la férocité tudesque eût cédé avec le temps à l'urbanité romaine, et que, comme il est arrivé tant de fois, le peuple vaincu eût subjugué le vainqueur par l'ascendant irrésistible de la civilisation sur la barbarie; mais les partages fréquens de la monarchie française, les guerres continuelles des princes qui se la disputoient; le passage rapide de deux dynasties qui durèrent à peine deux siècles chacune, et dont la plupart des rois ne le furent que de nom; les désordres qu'occasionnèrent leurs querelles ou leurs foiblesse; ceux qu'entraînèrent encore les incursions des Sarrazins et des Normands; les violences perpétuelles contre les personnes; le bouleversement absolu des propriétés, tout dut contribuer à favoriser et à hâter les progrès de la barbarie, et à en rendre les effets plus irréparables. N'y ayant plus de ressource et de salut que dans les armes, les Gaulois devinrent soldats comme les Francs. Ils en contractèrent la férocité, et comme eux, ils n'eurent bientôt d'autre règle que la force. Les arts et les professions paisibles furent oubliés, et les bases de la civilisation disparurent entièrement.

J'ai fait ailleurs le tableau de la législation française pendant ces temps déplorables (1); je ne le retracerai pas ici. Il me suffira d'observer, qu'à l'époque où la barbarie parut stationnaire, et que montée au comble, elle ne pouvoit plus que descendre, ce qui fut à peu-près sous les règnes des premiers princes de la troisième dynastie, *on ne connoissoit presque plus de loi en France*, suivant le témoignage d'un de nos plus anciens jurisconsultes (2).

La violence et la force dominoient exclusivement. Le combat étoit le seul moyen en usage, pour vider les différens de toute espèce. Les fonctions des tribunaux consistoient unique-

---

(1) Mémoire sur l'origine des jugemens par pairs et par jurés, qui a remporté le prix de l'académie des inscript. en 1789, à la suite de mon Institution au droit français, pag. 39 *et suiv.*

(2) *Conseil de Pierre de Fontaine.* Chap. 1, art. 3.

ment à constater lequel des combattans avoit été le vainqueur, et à faire observer quelques formalités, auxquelles on avoit jugé à propos d'assujettir, cette forme étrange de jugement.

Le combat n'étoit cependant pas toujours légal et régulier ; non-seulement les particuliers se battoient entre eux sans autorisation ; mais encore les villes et les villages étoient en une guerre continuelle. Tous furent obligés de se fortifier ; les moindres hameaux étoient devenus des places fortes. La même contagion avoit gagné l'Europe entière ; il fallut par-tout recommencer la civilisation. Ce ne fut pas un ouvrage bien facile ; des siècles s'écoulèrent avant qu'il arriva à sa perfection. Il ne l'étoit pas encore à une des époques les plus brillantes du règne de Louis XIV (1).

______

(1) Je renverrai ceux qui pourront regarder ce que je dis ici comme une exagération, à l'art. 15 du tit. II de l'ordonnance de 1667, où l'on voit qu'on n'osoit pas encore aller donner une assignation judiciaire, à ceux qui demeuroient dans des *châteaux* ou *maisons fortes.*

CHAPITRE V.

Par quels moyens la Civilisation se rétablit en France.

CHARLEMAGNE, au vaste et puissant génie de qui rien n'échappoit, paroît avoir été très-alarmé des progrès que la barbarie avoit fait de son temps, et de ceux qu'elle menaçoit de faire encore. Au milieu des guerres continuelles où il fut entraîné, il s'occupa sans cesse des moyens de ramener parmi ses sujets, des mœurs plus douces et plus sociales. Dans ses fréquens voyages en Italie, il avoit trouvé que cette an-cienne patrie de la civilisation, conservoit en-core quelques vestiges des arts; il tenta de les transplanter en France. On sait qu'il y amena des chantres de Rome, dans l'espoir sans doute d'adoucir, par le secours de l'harmonie, des cœurs sauvages et féroces. La religion lui parut être sur-tout la puissance morale la plus propre à exercer sur eux une salutaire influence, et à seconder ses desseins généreux.

Les ecclésiastiques avoient encore quelque teinture des lettres; dans les causes qui les in-téressoient et dans leurs tribunaux, on suivoit la pratique des lois romaines. Ce foyer de civilisa-tion, quelque foible qu'il fût, étoit le seul qui resta ; et c'est sans doute pour le propager, que Charlemagne accorda tant de faveurs aux gens d'église, et donna tant d'extension à leurs prérogatives.

Les malheurs qui suivirent son règne firent échouer tous ses projets. Le sort de la France empira plus que jamais ; elle étoit au onzième siècle dans cet état déplorable, dont j'ai parlé plus haut.

Les conciles avoient, à la vérité, proscrit les épreuves par le combat, par l'eau bouillante ou le fer chaud ; ils avoient lancé des anathèmes contre les guerres privées ; et ne pouvant les détruire entièrement, ils avoient ordonné de les suspendre pendant certains jours de la semaine, et pendant un certain temps de l'année ; ils vouloient en outre qu'on respectât les prêtres, les voyageurs, les laboureurs, et qu'on ne touchât pas aux bestiaux et aux outils aratoires de ces derniers. Mais le brigandage étoit souvent plus fort que la superstition ; et ces anathèmes, quelque redoutables qu'ils fussent alors, ne produisoient pas toujours l'effet qu'on en attendoit.

Pour dégoûter le peuple de l'habitude de terminer leurs différens par le combat, les gens d'église ne trouvèrent pas de moyens plus efficace, que d'amener les plaideurs à leurs tribunaux, et de leur faire connoître les formes paisibles que l'on y suivoit.

Cet expédient eut un succès merveilleux. Les tribunaux laïques, où la force décidoit de tout, furent bientôt déserts, et la jurisdiction ecclésiastique prit un accroissement prodigieux. On l'a qualifié dans la suite d'usurpation; mais on n'en eut pas la même idée dans le principe. Cette usurpation prétendue fut alors un grand bienfait pour l'humanité. Il n'y eut que les seigeurs féodaux qui s'en plaignirent, parce qu'outre leur jurisdiction, ils perdoient encore les amendes, qu'ils avoient coutume d'exiger de ceux qui étoient vaincu dans le combat judiciaire. C'est de-là qu'on a dit, que *les battus payoient l'amende.*

La nation ne réclama contre l'extension des tribunaux ecclésiastiques, que lors des démélés de Philippe-le-Bel et de Boniface VIII; mais les choses étoient bien changées à cette époque.

L'agrandissement de la jurisdiction ecclésiastique exigeoit un code plus étendu que celui dont on s'y étoit servi jusqu'alors, et qui fournît des règles analogues à la variété des questions, qui se présentoient sans cesse à décider. Ce code si nécessaire, ne pouvoit se rencontrer que dans les livres du droit romain, composés par Justinien. Ils sortirent précisément alors de l'oubli auquel ils avoient été si long-temps condamnés. Robertson range la renaissance du droit romain, au nombre des causes qui contribuèrent le plus au rétablissement de la civilisation en Europe.

J'ai cru autrefois que Robertson s'étoit trompé, et que les peuples européens, entraînés par un penchant irrésistible vers l'ordre et la sociabilité, y seroient arrivés par l'effet seul du temps, et sans le secours de ces lois étrangères. Mais c'étoit mal connoître les hommes, et combien il est difficile de les arracher aux habitudes même les plus vicieuses, quand une fois sur-tout elles sont invétérées.

Ce qui fortifioit mon erreur, c'est que j'imaginois que les anglois n'avoient élevé leur législation au point de perfection où elle est aujourd'hui, qu'en la garantissant de tout alliage avec le droit romain.

Mais ce droit, porté en Angleterre par le clergé normand qui étoit à la suite de Guillaume-le-Conquérant, y prit un tel empire sur la législation, qu'il le conserva malgré les différens actes, par lesquels le parlement déclara ne vouloir point de ce droit étranger. On en découvre encore des traces très-visibles dans les ouvrages des plus anciens jurisconsultes anglais, tels que Glanville, Laflette, Bracton, etc. L'Angleterre fut même un des premiers pays où l'on enseigna publiquement les lois romaines. Tous ses chanceliers, jusques à la réformation, ont été des évêques très-instruits dans ces lois. Elles sont

suivies

suivies encore par les tribunaux ecclésiastiques ,
dont la juridiction est aujourd'hui aussi étendue,
qu'elle l'étoit en France avant François Ier. Le
corps des gens de loi d'Angleterre , tire son origine, comme celui de la France, des anciens
clercs juristes.

On a prétendu que l'adoption du droit romain,
et de ses formes judiciaires, avoit rendu les procès interminables , et donné naissance à une
nuée de gens d'affaires, sangsues avides des
fortunes privées.

Aujourd'hui que nous savons par l'expérience
que la justice n'en est ni meilleure, ni plus expéditive , ni moins chère, quand on n'a pas des
formes ou des hommes de loi, nous sommes
plus à même d'apprécier la solidité de ces reproches. Nous devons du moins être dégoûtés
de chercher toujours dans les institutions humaines une perfection, dont elles ne sont pas
susceptibles, et avoir appris à les juger d'après
la nature et le caractère réels des hommes, et
non d'après les qualités idéales, dont on les gra-
tifie.

Il est vrai que les formes du droit romain
n'avoient pas la belle simplicité de celles du combat judiciaire, ni ce mouvement rapide qui faisoit qu'un procès qui commençoit le matin, se
terminoit ordinairement avant la nuit. Les que-
relleurs avoient alors beau jeu ; à peine un com-

bat finissoit, qu'ils pouvoient en provoquer un
autre (1).

La marche lente et compliquée de la procédure romaine, étoit, sans contredit, le topique
le plus efficace dont on pût se servir, pour calmer cette violence et cette impétuosité, qui
faisoient alors le caractère de la nation. Il n'y
avoit pas d'autre moyen d'y donner le change, et
de faire une utile diversion à des formes plus
tristes et plus affligeantes.

Il n'est pas même bien sûr que la prompte
expédition de certaines affaires soit un bien
réel pour la société. L'ardeur de nuire, et la soif
de plaider, se satisfont ou se fatiguent dans le
cours d'une longue procédure ; elles ne font que
s'irriter, si elle est trop expéditive.

St.-Louis, dont les vues n'étoient ni moins
grandes, ni moins patriotiques que celles de
Charlemagne, favorisa autant qu'il put les pro-

______

(1) Thomas Smith, jurisconsulte anglais, qui a écrit
sous le règne d'Elisabeth un Traité de la constitution de
l'Angleterre, parle du combat judiciaire comme existant
encore de son temps. Il se fâche beaucoup contre le pape
et le clergé qui avoient voulu l'abolir. On voit par les
formules qui sont à la suite du commentaire de Blacstone,
que les cours d'Angleterre prononcent même encore
aujourd'hui le gage judiciaire. On arrange cela dans
l'exécution ; il n'est pas possible de porter plus loin le
respect pour les anciens usages.

grès du droit romain : il en est souvent question dans ses établissemens.

Déjà même de son temps on en avoit fait une traduction française ; et il s'étoit ouvert, dans presque tous les états de l'Europe, des écoles où on l'enseignoit ; l'affluence des étudians étoit incroyable. Ce fut là l'origine du corps des gens de loi, qui d'abord confondus avec le clergé, et ensuite formant un ordre à part, perfectionnèrent l'ouvrage que l'autre avoit commencé. Après de longs et de pénibles efforts, ils parvinrent à soumettre la force, à l'empire de la justice et de la raison.

On doit sour-tout admirer l'adresse et la fermeté qu'ils mirent dans la lutte qu'ils eurent à soutenir contre elle, et qui est certainement un des spectacles les plus extraordinaires que l'histoire présente.

Au milieu de tant d'usages absurdes, la honte et la désolation de l'humanité, les temps dont je parle avoient vu naître une institution qui en faisoit l'honneur et la consolation : cette institution étoit celle de la chevalerie, mélange singulier de galanterie, de bravoure et de réligion.

Les chevaliers faisoient particulièrement profession de protéger les foibles et de venger les opprimés, alors en si grand nombre. Ils avoient une discipline très-sévère ; et l'on n'obtenoit la qualité de chevalier, qu'après avoir passé par des grades subalternes.

Les chevaliers jouissoient par-tout de la plus grande considération ; et leur influence étoit très-grande dans les tribunaux, où ils avoient entrée. Eux seuls pouvoient balancer le crédit des gens de loi, dans l'opinion publique. Pour écarter des rivaux aussi redoutables, les gens de loi cherchèrent à s'approprier la considération, dont ils étoient en possession, en formant parmi eux une chevalerie, dont la règle et les grades furent modelés sur ceux de l'autre.

Les chevaliers ès lois, appelés aussi dans les tribunaux, y eurent d'abord une prépondérance marquée, sur les chevaliers militaires, par le moyen de leurs lois et de leurs formulaires, auxquels les derniers n'entendoient rien.

Ce premier avantage en amena bientôt d'autres. Les chevaliers militaires furent à la longue obligés de déserter les tribunaux et de laisser le champ libre aux chevaliers ès lois. Une amélioration sensible dans la législation et dans nos mœurs devoit être la suite d'un tel événement. La force perdit cette influence qu'elle avoit constamment conservée : elle fut vaincue à son tour. Ces barons féodaux, qui exerçoient dans leurs seigneureries une puissance indépendante et illimitée, furent dépouillés insensiblement de leur usurpation, et obligés de

reconnoître une autorité suprême. De fiers pa-
ladins, qui avoient résisté avec succès, pendant
des siècles, aux plus puissans monarques,
virent avec étonnement leur puissance paralysée et obligée de fléchir sous les arrêts d'une
compagnie de juges. Enfin ce fut le parlement
qui, comme la remarqué Loiseau, par le droit
d'appel qu'il établit, maintint l'intégrité de la
France, et en en faisant un corps de monarchie,
empêcha qu'elle ne fût démembrée, comme l'Allemagne et la Pologne.

Ce service, quelque éclatant qu'il soit, ne fut
pas le seul que les gens de loi rendirent à leur
patrie; ils surent défendre la dignité de l'État
qu'ils avoient contribué à former. Les préten-
tions ultramontaines nées et grandies dans un
temps où un tel prestige pouvoit avoir quelque
avantage, trouvèrent des adversaires redoutables dans la magistrature et le barreau français, quand il ne fut plus que dangereux ou
ridicule.

La France eut donc, comme l'ancienne Rome,
un corps de jurisconsultes, gardiens et conservateurs de son droit public, dont ils avoient été
les créateurs.

Ces hommes occupés sans cesse à méditer sur
les principes de la politique et de la morale-pra-
tiques, étrangers en quelque sorte aux intrigues
de la cupidité et de l'ambition, joignoient

l'exemple des plus rares vertus, aux préceptes de la sagesse la plus sublime. Leur vie privée offroit l'image de la candeur et de la simplicité des mœurs antiques ; et un zèle inaltérable pour le bonheur de leur pays, étoit la seule passion à laquelle l'austérité de leurs principes, permît l'accès de leur ame.

Les actions de ces excellens citoyens ne se passèrent pas sur des théâtres bruyans ; elles ne se présentent point avec fracas dans les pages de l'histoire. Leurs vertus paisibles n'en furent pas moins l'honneur de leur patrie, qu'ils éclairèrent par leurs écrits, et au bonheur de laquelle ils contribuèrent puissamment par leurs travaux.

La réputation de leur sagesse se répandit au loin ; elle s'attira la vénération des peuples, et excita le respect des monarques les plus superbes (1). Le souvenir, j'ose le croire, n'en est pas encore effacé de la mémoire des Français. Ils ne peuvent avoir oublié entièrement les noms des Cujas, des Dumoulins, des l'Hôpital, des de Thou, des Brisson, des Hottoman, des Pithou, des Lamoignon, des Daguesseau, et d'une infinité d'autres, qu'il seroit trop long de rappeler. Quand cette génération illustre touche

---

(1) Le chevalier de l'Hôpital rapporte, dans ses épîtres, que lorsque François I.er voyoit paroître les officiers du Parlement, il étoit saisi d'un tel respect, qu'il se levoit tout de suite et alloit au-devant d'eux.

peut-être à son terme, et qu'une nuit éternelle
menace d'envelopper la science importante et
salutaire, à laquelle elle consacra ses veilles :
puisse la France échapper à cette funeste calamité, et retrouver long-temps encore de fi-
dèles imitateurs d'aussi parfaits modèles ! Vertus, lumières, fermeté, courage, patriotisme,
tout fut en eux au plus haut degré. La mort
même ne sut les intimider quand il fallut défendre ce qu'ils regardoient comme les lois
fondamentales de leurs pays. La fin tragique
du président Brisson et de ses collègues, ar-
rachés par les Seize du trône même de la magistrature, et par eux inhumainement massa-
crés, a été long-temps mémorable dans notre
histoire, jusqu'à ce que des catastrophes bien
plus terribles encore, sont venues en éclipser
le souvenir.

CHAPITRE VI.

*De l'influence du caractère des peuples sur
leur législation.*

LES lois n'étant à la longue que le produit
des mœurs et des habitudes d'un peuple, doivent nécessairement en porter l'empreinte.
C'est dans sa législation, plutôt que par-tout

ailleurs, que se fait remarquer le caractère qui le distingue. Car les peuples ont, comme les individus, des traits qui leurs sont propres, et que ni le temps ni les révolutions ne sauroient effacer; il en est qu'on reconnoît encore aujourd'hui, au portrait que les anciens en ont fait.

J'ai dit plus haut comment un général romain reprochoit aux Gaulois, du temps de Vespasien, une légéreté, une irréflexion, un amour de la nouveauté, qui les rendoient si facilement la dupe des charlatans et des factieux.

Environ un siècle auparavant, Cicéron plaidant pour Fontéïus, remarquoit, « Que les » Gaulois différoient des autres nations, en ce » que celles-ci faisoient la guerre pour défendre » leur religion, tandis qu'eux la faisoient à tou- » tes les religions ; on les a vus, disoit-il, entre- » prendre de longues expéditions pour aller » piller et dévaster des temples révérés de tout » l'univers. »

Il ajoute ensuite que cela n'empéchoit pas que, dominés par la plus barbare superstition, ils n'immolassent des victimes humaines, lorsque la crainte de quelque grand danger répandoit l'alarme parmi eux (1). Les Romains eurent beaucoup de peine à faire cesser cet

______

(1) *Pro Fonteio* 10.

usage féroce, dont ils donnèrent cependant eux-mêmes quelquefois l'exemple.

La férocité gauloise avoit comme passé en proverbe. Assoupie sous la domination romaine, elle dut reparoître après la conquête des Francs, dont les habitudes n'étoient rien moins qu'humaines.

Mais le caractère qui s'est le moins démenti de la nation gallo-franque, a été celui de la légéreté, de l'amour de la nouveauté et de l'indifférence pour ses institutions nationales.

De-là il est arrivé que la législation française a toujours été, pour ainsi dire, vacillante; que les principes n'en ont jamais été bien fixes, et que ses diverses parties n'ont jamais été en harmonie entre elles. Si l'on y fait bien attention, on verra que les lois françaises n'ont presque jamais été que des lois d'emprunt, qui ont varié dans chaque période de la monarchie; que les lois modernes ne ressembloient en rien aux anciennes, et que les révolutions de la législation ont été encore plus fréquentes et plus complètes, que celles de l'État.

La France cependant n'a pas manqué d'excellens jurisconsultes; nul pays ne peut se vanter d'en avoir produit de pareils : mais leur habileté n'a pas été capable de fixer la mobilité du caractère national. D'ailleurs, le mérite dans ce genre, comme dans beaucoup d'autres, a souvent été oublié ou méconnu, quand il n'a pas été soutenu par l'intrigue ou par la fortune.

Chez les Anglais, au contraire, les talens utiles ont été toujours appréciés avec justesse et récompensés avec magnificence ; c'est une des premières observations qui frappèrent Voltaire en arrivant en Angleterre.

Le commentaire de Blacstone sur les lois anglaises, lui valut la seconde place de la magistrature, celle de solliciteur général de la couronne ; tandis que chez nous, Domat, Pothier, etc. furent toute leur vie relégués dans d'obscurs Présidiaux ; et assurément ces hommes, sur-tout le premier, étoient fort au-dessus de Blacstone.

Ce n'est pas seulement en cela que l'on remarque la différence entre le caractère des Anglais et celui des Français. Autant ceux-ci ont été légers, inconstans, indifférens pour leurs institutions, autant les autres ont été fermes et invariables dans leurs habitudes et attachés à leurs lois primitives.

La division actuelle de l'Angleterre est à-peu de chose près la même qui fut faite sous les rois Saxons. Les lois de ces princes font encore autorité, et elles sont souvent citées dans les ouvrages des jurisconsultes les plus modernes.

On auroit ri chez nous, même dans l'ancien régime, d'un avocat qui auroit cité les capitulaires de Charlemagne, ainsi que les ordonnances des rois, antérieures au 15.e ou au 16.e sciècle; et cela auroit été en effet très-ridicule; il n'y avoit pas la plus légère ressemblance entre les institutions existantes à ces différentes époques.

La législation de l'Angleterre avoit éprouvé les mêmes atteintes que celle de la France; l'un et l'autre pays avoit été envahi, dévasté par des barbares, et flétri par leurs mœurs et leurs usages féroces. Tous deux avoient été asservis par le régime féodal; les lois romaines s'y étoient également introduites.

Mais, comme je l'ai remarqué ailleurs, l'esprit primitif de la législation anglaise avoit résisté à toutes ces épreuves; il avoit su se maintenir au milieu des invasions des conquérans; et bien loin d'être subjugué par les lois étrangères, il étoit parvenu, en en surmontant l'influence, de les faire contribuer à sa perfection et à sa solidité (1).

En France, au contraire, les lois étrangères prirent la place des lois nationales; et tandis que des Français portèrent en Angleterre la

____

(1) *Mémoires sur l'origine des jugemens par pairs et par jurés, etc. pag.* 411.

grande charte et les jugemens par pairs et par
jurés (1) ; dans leurs pays, passant à l'extrême
opposé, on adopta la procédure secrète, auprès de laquelle celle de l'inquisition étoit un
modèle de justice et d'humanité.

Il ne faut pas être étonné, après cela, si
en parcourant la suite des anciens monarques
français, on en trouve seulement deux, Charlemagne et St. Louis, qui aient réuni ces lumières étendues, ce génie vaste qui embras-
se l'avenir comme le passé; cette connoissance
des hommes et des moyens de les conduire ;
cette sensibilité profonde qui fait qu'on s'in-
téresse à leur bonheur, et cette indulgence
qui sait compatir à leurs foiblesses; qualités
nécessaires pour former un vrai législateur. Les
grandes vues de ces princes furent dérangées
par les événemens, négligées ou méconnues
par leurs successeurs.

---

(1) J'ai prouvé, dans le mémoire que je viens de citer,
que les jugemens par pairs et par jurés avoient été portés
par les Normands en Angleterre ; et les Normands suivoient au moins, en cette partie, le droit général de la
France. Quant à la grande charte, elle vient de la même
source. Bien des années avant que Jean Sans Terre signa
la grande charte d'Angleterre, Henri II, son père, duc
de Normandie, en souscrivit une tout-à-fait semblable,
en faveur de ses sujets Normands; on la voit dans *Brus-
sel*; *tome* 2, *page* 1.

La liste des chanceliers présente beaucoup de magistrats d'un rare talent et d'une plus rare vertu encore ; l'Hôpital est cependant le seul législateur qu'on y trouve.

Il fut placé par ses contemporains à côté des plus sages et des plus vertueux de l'antiquité ; et la postérité n'a cessé de le distinguer parmi cette foule d'hommes extraordinaires , dont l'abondance fit au seizième siècle le malheur de la France, comme leur disette l'a causé dans d'autres temps.

La réputation dont l'Hôpital jouit encore , prouve que l'impression que fait sur les hommes une grande et généreuse vertu , est souvent plus forte et plus durable, que celle qui est le produit des talens même les plus brillans.

La jurisprudence étoit encore de son temps une des voies principales pour arriver aux honneurs ; l'Hôpital l'avoit étudiée sous les plus fameux maîtres en France et en Italie. Il ne porta pas dans cette étude l'esprit servile d'un légiste, mais les vues profondes d'un sage et d'un homme d'État. S'il faut en croire le président de Thou , et ce qu'il dit lui - même dans son testament, il s'étoit occupé de mettre le droit , dans un ordre naturel et méthodique.

Le temps nous a enlevé ce fruit précieux de

ses méditations ; mais ce qu'il n'avoit pu nous ravir , c'étoient les belles ordonnances, par lesquelles il opéra la réforme, dans toutes les parties de la législation française. Son discernement sut appliquer à chacune d'elles les règles qui lui convenoient. En détruisant ce qui restoit encore des usurpations féodales , il eût mis la dernière main au grand ouvrage de la civilisation de la France , si les malheurs du temps n'y eussent fait obstacle.

Une plus noble , mais plus pénible entreprise se présentoit à lui ; c'étoit la réforme des mœurs publiques , dont la dépravation étoit à ses yeux la première cause des maux de la France. L'Hôpital tenta d'en tarir la source par le secours des lois , et de faire plier sous leur majesté sainte tous les égaremens d'un siècle débordé. Si ses efforts furent infructueux , son ame , naturellement ferme et intrépide , n'en fut jamais fatiguée ; et lorsque tout fut désespéré , et que la présence de l'homme de bien ne pouvoit plus qu'être importune dans une cour résolue à tous les forfaits , il se retira , non en vaincu , mais en vainqueur , suivant les expressions du président de Thou.

La législation française n'a pas fait, après lui, un pas digne de remarque. Les ordonnances les plus célèbres de Louis XIV , ne sont, dans leurs dispositions notables , que la copie de celles de l'Hôpital ; l'esprit de ce grand homme a été l'ame de la législation française , jusques à la révolution.

Alors un nouvel ordre de choses a commencé; la faux de la proscription n'a point épargné dans ses ravages le vaste champ de notre législation. Là se sont déployées en entier cette légéreté et cette irréflexion si souvent reprochées au caractère français. L'histoire ne présente nulle part l'exemple d'un abandon aussi universel , ni d'une abjuration aussi solennelle de ses mœurs et de ses habitudes anciennes.

L'on n'oublia même rien pour rendre le mal irrémédiable. La destruction du corps des gens de loi et des écoles de jurisprudence ; la suppression des grands tribunaux ; la division de leurs ressorts en petits arrondissemens , devoient nécessairement éteindre ce foyer de lumières , que la multiplicité des affaires , les discussions des audiences solennelles , les conférences et les écrits des jurisconsultes , entretenoient dans le barreau des cours souveraines.

Les innovations que l'on fit dans la législation y introduisirent d'autant plus de confusion et de désordres , qu'elles ne furent pas, comme il arrive presque toujours, l'ouvrage insensible du temps, ou l'effet du changement successif des usages et des mœurs, mais bien celui d'une des explosions les plus terribles du génie de la destruction. Le système de la législation nouvelle se trouva en opposition directe avec celui de l'ancienne ; et comme avec la meilleure volonté, on n'avoit pu parvenir à tout détruire, ce qui restoit ne pouvoit plus se concilier avec ce qu'on avoit créé.

De plus, l'ordre judiciaire, dont il est si important de maintenir l'éclat et la dignité, fut relégué au dernier rang des institutions nouvelles, et placé à la suite du moindre corps municipal (1). Pour achever de le dégrader, l'accès des tribunaux fut ouvert à tout le monde ; il ne fallut plus, pour être juge, ni savoir, ni lumières, ni expérience, et, à certaines époques, ni probité même. Toute la force morale des lois devoit nécessairement se perdre, avec la considération de ceux qui étoient chargés de les faire respecter.

----

(1) Cette première dégradation du pouvoir judiciaire fut l'ouvrage de l'assemblée constituante. On sait que lorsqu'il fut question de le priver du premier rang qu'il avoit toujours occupé, et qui lui est dû sous tous les rapports, Mirabeau interrompit la discussion pour dire qu'il falloit renvoyer cette question au grand maître de cérémonie. Chez un peuple tel que le Français, il n'y avoit pas de réplique à une telle saillie. La plupart de ceux qui la trouvèrent très-plaisante et sur-tout très-décisive, n'imaginoient pas qu'elle décidoit peut-être de leur propriété ou même de leur existence.

Tel

Tel est l'état où la nouvelle constitution a trouvé la législation française. On ne sauroit contester que le gouvernement n'ait déjà fait des efforts pour l'améliorer ; mais les plus grands , les plus efficaces restent à faire. Non-seulement il faut recréer le système général de la jurisprudence française , en rétablir l'enseignement sur des bases solides ; il faut encore redonner la vie au corps de gens de loi , destinés à en perpétuer l'existence ; il faut rendre à la magistrature le rang et la dignité qui lui conviennent; et sur-tout n'en accorder les places qu'à ceux qui réuniront les lumières et les vertus, que des fonctions aussi importantes exigent.

CHAPITRE VII.

D'un code général de droit.

J E viens d'indiquer les principaux obstacles qui peuvent se rencontrer dans une refonte générale de la jurisprudence, et qui doivent même la rendre imparfaite , sinon impossible. Je veux à présent , en supposant qu'un tel projet soit praticable, rechercher quelles sont les qualités requises, dans un code de droit.

Je serois tenté de demander d'abord ce que c'est qu'un code, si je ne craignois que cette question ne parût impertinente à ceux qui, voyant cette quantité innombrable de codes dont nous sommes inondés, sont autorisés à croire, qu'on a de ce mot une idée bien déterminée. Cependant il est aisé de voir qu'on l'a pris souvent dans des sens très - différens.

Ainsi l'on a donné le nom de *code*, à des lois ou à des ordonnances particulières, telles que celles de Louis XIV, sur la procédure civile et criminelle.

On a appelé *codes* des donations et des testamens, les ordonnances de Louis XV, qui ne règlent presque que les formes extérieures de ces actes.

D'autrefois on entend par *code*, la collection de toutes les lois qui ont été faites sur une seule matière ; tels sont les codes criminels, des juges de paix, des hypothèques, etc. Enfin, dans des temps plus anciens, on donnoit ce nom à un recueil d'édits ou d'ordonnances rangés dans un certain ordre ; tels furent le code de Justinien ; celui que sous Henri III on appela le code Henri, etc.

Le mot *code* signifie un livre en général ; on donna particulièrement ce nom au recueil des lois, parce que c'est le livre par excellence. Un code, dans sa signification la plus étendue, et celui seul qui mérite ce nom, est un recueil complet de lois sur toutes les parties de la jurisprudence, distribuées dans un ordre méthodique; comme un cours de morale, de mathématique, etc., est le livre qui comprend toutes les parties de ces sciences.

Un code qui se borneroit à donner des règles sur quelques matières détachées, tels que les anciens coutumiers, seroit un ouvrage incomplet. Il faudroit, pour en remplir les lacunes, y faire des additions ou des supplémens, ou bien laisser la décision d'un grand nombre de questions aux opinions arbitraires des juges ou des jurisconsultes. La législation ne seroit plus alors qu'un édifice composé de pièces rapportées, et sans aucun accord entre elles.

On ne sauroit d'ailleurs en bien traiter une partie isolément et sans considérer le rapport qu'elle a avec l'ensemble. Avant d'entreprendre un si grand ouvrage, il faut s'en être fait une idée générale, et en avoir le plan tracé, au moins dans l'entendement.

Le but des lois civiles est le maintien et la conservation des droits de chacun, dans l'usage des choses dont elles lui assignent la propriété; ainsi la matière du droit est toute, pour ainsi dire, devant nos yeux; elle résulte de la fréquentation des hommes entre eux, et des relations qui les unissent.

4 *

Les élémens de cette science, comme ceux de toutes les autres, sont donc épars et dispersés dans la nature. L'art consiste uniquement à les réunir et à en faire un tout.

Ceux qui ont bien su observer la marche du cœur de l'homme, le développement de ses affections, et les combinaisons de son intérêt, ont découvert les premiers les règles fondamentales de la jurisprudence.

Mais il a fallu des siècles pour compléter ces observations, et pour en reconnoître la justesse, parce qu'il falloit pour cela que les hommes se montrassent sous tous les rapports, et dans toutes les situations possibles.

Le recueil qui renferme un grand nombre de ces observations, est donc un livre infiniment précieux. On y voit que la marche du monde moral est aussi constante et aussi invariable que celle du monde physique. Les règles établies il y a plus de deux mille ans par les Jurisconsultes Romains, reçoivent encore aujourd'hui leur application ; elles sont le produit de l'expérience de plusieurs siècles, et le fruit des méditations d'une suite non interrompue d'hommes instruits et experts dans la connoissance des hommes, et des rapports qui existent entre eux.

Quelque habiles que fussent les premiers Jurisconsultes Romains, ils ne paroissent pas s'être trop occupés de mettre de l'ordre dans leurs idées, ni de rassembler en corps toutes les parties de la jurisprudence. Ce ne fut que vers la fin de la République, qu'on entreprit d'en faire véritablement une science, en distinguant les divers objets qu'elle renferme; en établissant des règles propres à faire discerner le vrai du faux, le certain du douteux; enfin en donnant des mots, des définitions exactes.

On commença par rechercher les objets généraux du droit, ceux qui présentent des caractères distincts et séparés, et que dans le langage de l'école, on appelle des genres.

Les genres furent sous-divisés en espèces, qui ne sont plus que les objets qui, avec des traits généraux de ressemblance, diffèrent cependant ensuite en plusieurs points. Nous verrons plus bas, lorsque nous indiquerons l'ordre dans lequel les matières doivent être classées, que les objets principaux ou les genres, sont en petit nombre en jurisprudence, mais que les espèces sont infinies.

Il ne nous reste aucun ouvrage entier des Jurisconsultes Romains : on ne peut donc pas juger si leur méthode fut toujours bonne et exacte. Celle qu'à suivie Justinien, manque souvent de ces qualités, comme nous aurons occasion de l'observer ailleurs. A défaut de modèle, voyons si nous trouverons de nous-mêmes les règles fondamentales de cette science.

Des définitions claires et précises, ou de brièves descriptions de la matière qu'on va traiter, doivent se trouver à la tête de chacun des titres, dans lesquels on la distribue. C'est par-là qu'on éclaircit ce qui est obscur, et qu'en commençant par ce qu'il y a de plus simple et de plus aisé, on arrive graduellement à ce qu'il y a de plus difficile et de plus compliqué.

Une proportion uniforme doit régner dans chacune des parties, et le développement que l'on y donne doit être tracé sur la même échelle; c'est ce qui en forme l'ensemble. Ce seroit un grand vice, que de s'étendre avec prolixité sur un titre, et de passer rapidement sur un autre. C'est comme si l'on faisoit une statue avec des bras de nain et des jambes de géant.

Il y a bien des réflexions à faire sur l'étendue qu'il convient de donner à un système général de jurisprudence.

On ne gagneroit rien à vouloir établir des règles pour chaque cas particulier. Quelque multipliées qu'elles fussent, elles ne seroient jamais en proportion avec l'infinie diversité des actions humaines. Les meilleures lois sont, sans contredit, les plus simples, et celles qui dans leurs dispositions, s'appliquent à un plus grand nombre de cas particuliers.

Le chef-d'œuvre de l'esprit humain dans ce genre, seroit donc l'ouvrage qui présenteroit sur chaque titre et sur chaque matière, un petit nombre d'axiomes rédigés de telle manière, qu'ils pussent se graver dans la mémoire, comme des proverbes; et qu'on y trouvât, en les méditant, les règles nécessaires pour tous les cas qui pourroient se présenter. Les institutions coutumières de Loisel, les libertés de l'église gallicane de Pithou, peuvent être cités comme des exemples d'une telle rédaction. On pourroit peut être y ajouter les règles du droit français de la Livonière, quoique elles ne soient pas aussi parfaites que les deux autres.

Mais que de temps, que de travail ne faudroit-il pas pour une telle entreprise! quelle connoissance profonde du droit, quelle clarté dans les idées, quelle justesse dans le jugement, quelle concision dans l'esprit, n'exigeroit-elle pas de ceux qui en seroient chargés? avec cela son utilité seroit encore problématique.

Lorsque la science du droit jouissoit de toute sa splendeur, et que les principes en étoient familiers à une infinité de gens, un code rédigé de la manière que je dis, auroit été un monument à la fois utile et honorable pour la nation; ce ne seroit plus aujourd'hui, dans l'état de décadence du droit, qu'un recueil d'énigmes, dont peu de gens auroient le talent de deviner le mot.

Les meilleurs abrégés dans tous les genres, ne sont véritablement profitables qu'aux savans.

Le projet de code du consul Cambacérès, est certainement un des précis les mieux faits de presque toute la jurisprudence. Il annonce un auteur maître de son sujet, et qui a su rendre ses idées avec précision et clarté.

Il n'est pas moins certain d'un autre côté, qu'un code ainsi réduit ne seroit plus à la portée de la grande majorité des juges et des hommes de loi actuels ; il deviendroit la proie des commentateurs, qui, sous prétexte de l'expliquer, le revêtiroient de la même robe, dont Rabelais accuse les interprètes de son temps, d'avoir sali la statue d'or du droit romain.

Cependant si un législateur veut atteindre le but qu'il se propose en publiant un code, qui est de mettre de l'ordre et de la clarté dans les lois, la première défense qu'il doit faire, c'est de le commenter. Car si la loi est obscure, le commentateur, qui entreprend de l'éclaircir, s'arroge incontestablement les droits du législateur.

Si, au contraire, le commentateur ne veut qu'expliquer une loi claire et bien rédigée, et en faciliter l'intelligence à celui qui ne sauroit la comprendre de lui-même, son entreprise n'en est pas moins téméraire. En voulant faire disparoître une obscurité, qui ne provient que du vice de l'entendement ou du défaut d'instruction, il faut qu'il ait la présomption de donner aux dispositions de la loi, plus de clarté et d'évidence, que n'a fait le législateur lui même; ce qui ne sauroit être. Un bon commentateur est peut-être une chose aussi rare qu'un bon législateur.

J'ai déjà fait remarquer dans la préface, que la jurisprudence-pratique est une des sciences les plus difficiles; qu'il n'en est aucune qui donne plus d'exercice à la raison, et qui exige de ceux qui la professent, plus de pénétration, de sagacité, de justesse et de précision dans le jugement.

L'art de raisonner, qui n'est dans le fond que l'art de tirer des conséquences d'un principe convenu, et d'en faire l'application au cas qu'il concerne, est un des actes les plus pénibles de l'esprit, et qui répugne le plus à la paresse habituelle des hommes. Il n'est pas du moins familier à beaucoup de monde, si l'on en juge par les travers où donnent la plupart de ceux qui s'en mêlent.

Une observation qui ne peut avoir échappé à tous ceux qui ont quelque expérience du barreau, vient à l'appui de ce que je dis ici. Les livres les plus usuels en jurisprudence, ne sont pas les ouvrages théoriques, qui, en fournissant les règles générales, vous laissent le soin de les appliquer au cas qui se présentent; mais bien plutôt les recueils d'arrêts ou les dictionnaires,

qui ne contiennent que des hypothèses particulières, et où chacun croit trouver sans peine et
sans effort d'imagination, le fait et le droit dont
il a besoin. Brillon, Denisart, la Combe, et
autres de cette espèce, obtiennent toujours la
préférence sur Pothier, Domat, etc. Tout
homme même, sans être jurisconsulte, peut se
servir d'une manière ou d'autre des premiers ;
mais les autres ne sont accessibles qu'à ceux
qui, à une connoissance préliminaire des lois,
joignent un grand exercice de l'art de raisonner. Les lois civiles de Domat sont un modèle
parfait de cet art., et leur étude réfléchie suffiroit seule pour y former.

C'est un des plus beaux ouvrages qui soit
sorti de l'intelligence des hommes, et son exécution un des efforts les plus étonnans de leur
raison. Le droit romain en a fourni, à la vérité,
les matériaux ; mais ils y étoient épars, isolés,
souvent couvert d'une épaisse enveloppe. Le
génie de Domat à plané sur ce chaos, et en a
fait sortir et mis en ordre tout ce qu'il renfermoit de bon, de juste et d'utile. Il n'y a pas de
la science du droit de système plus méthodique
et plus complet : chez un autre peuple, il seroit
depuis long-temps devenu le code national. Il
ne faudroit pour cela qu'y retrancher les citations latines, et y ajouter les supplémens, que
les changemens arrivés dans la jurisprudence

rendent indispensables. Il est difficile qu'on puisse faire une rédaction plus parfaite que la sienne.

Le code auroit alors tout le développement qu'exige l'état actuel de la science du droit; et comme il en contiendroit les principes établis et discutés avec beaucoup de précision et de clarté, il pourroit servir de texte à l'enseignement des écoles.

Si l'on adopte un code trop précis, il faudra nécessairement, pour y servir d'introduction, un autre ouvrage tout aussi important et tout aussi difficile ; c'est-à-dire des institutions qui, à l'exemple de celles de Justinien, expliqueroient les principes élémentaires du droit; autrement le code seroit inintelligible pour ceux qui n'auroient pas ces connoissances préliminaires.

Pour le compléter, il faudroit y ajouter une espèce de dictionnaire des termes du droit, qui en contiendroit des définitions exactes. C'est une précaution absolument nécessaire aujourd'hui, à cause des innovations, soit dans les mots, soit dans les choses, qui ont eu lieu en jurisprudence. Les anciens vocabulaires seroient insuffisans, et ne serviroient souvent qu'à égarer. Justinien avoit mis dans son digeste, un titre *de la signification des mots*, qui, avec celui qui le suit, intitulé *des Règles du droit*, sont les plus précieux du recueil, quoique d'ailleurs très-imparfaits.

Le cas particulier que tous les bons jurisconsultes font de ces deux titres , ne vient que de ce qu'ils ne contiennent que des règles générales , renfermées dans des axiomes exprimés d'une manière très - succincte et en même temps aussi claire , que de telles matières peuvent le permettre. Ce mérite essentiel se rencontre rarement dans les autres titres de la compilation de Justinien, où , comme je l'ai déjà observé, il n'est souvent question que d'hypothèses particulières, et où l'on se contente de transcrire les passages des jurisconsultes qui les ont décidées.

CHAPITRE VIII.

Du style des Lois.

On demandoit un jour à Démosthène quelle étoit la première, la seconde, et la troisième qualité d'un orateur ; il répondit toujours que c'étoit l'action. Je ferois une pareille réponse à celui qui demanderoit, quelles sont les principales qualités d'un code de lois ; je dirois que c'est le style, et puis le style, et encore le style.

Le premier talent d'un écrivain, est celui, sans contredit, de savoir rendre ses idées d'une manière claire et nette, et les revêtir du coloris qui leur convient. Mais celui-là seul possède un tel talent, qui, rempli de son sujet, a l'intelligence et la justesse d'esprit nécessaires, pour en bien distribuer les parties, et l'art de discerner le ton et l'expression les plus capables de produire l'effet qu'il se propose. Or c'est-là tout ce qu'on peut exiger dans la rédaction d'un code de jurisprudence.

Le législateur parlant indistinctement à tous les citoyens, doit se mettre à la portée de tous les esprits, et s'exprimer de manière à être entendu au moins du plus grand nombre. Il ne doit donc employer que les mots propres, et une construction claire et naturelle. Ne voulant point briller par des paradoxes, comme un sophiste, ni tromper ou séduire comme un rhéteur, mais parlant en maître qui ordonne, et en souverain qui commande, sa diction sera grave, concise, simple, majestueuse ; il n'y aura ni enflure, ni familiarité ; les figures, les métaphores, tout ce qui est obscur, inutile, ou indéterminé, en sera exclus.

L'expression directe, dans les lois, est préférable à l'expression réfléchie, parce qu'elle convient mieux à la dignité de celui qui commande.

L'emploi des mots, dont l'usage a vieilli dans le langage ordinaire, ne dépare pas celui de la loi ; cet air de vétusté en fortifie l'impression. La dureté des sons, suivant un rhéteur grec, donne de la grandeur au discours (1).

Les philosophes anciens et modernes sont divisés sur la question de savoir, si les lois doivent porter leurs motifs avec elles. « Je n'ai » jamais approuvé, dit Sénèque, que Platon ait » ajouté des motifs à ses lois. Lorsque la loi s'é- » nonce avec précision, le vulgaire est bien plus » porté à la regarder comme un oracle émané » de la divinité. Elle ordonne et ne discute pas. » Rien de plus froid et de plus inepte, suivant » moi, qu'une loi avec un préambule. Dis-moi » ce que tu veux ; j'écoute et j'obéis (2) ».

La pratique de l'antiquité étoit pour l'avis de Sénèque. On ne voit pas de préambule dans les lois de Moyse, les plus anciennes que nous connoissions. Ceux que Cicéron et Diodore rapportent, comme ayant été mis par Zaleucus et Charondas au-devant de leurs lois, ont paru suspects de fausseté à des critiques modernes, par cela seul qu'ils manquent de cette précision des siècles, où ont vécu les législateurs, à qui on les attribue. Il est à croire qu'ils furent amplifiés par les Grecs d'Alexandrie.

La rédaction des lois romaines étoit aussi par-

____

(1) *Demetr. Phaler. de elocut.*

(2) *Epist.* 94.

faite, que leurs dispositions étoient sages. Celles des XII tables sont un modèle en ce genre : on ne peut trop en admirer la gravité, la concision, la clarté. Les fragmens qui nous en restent, ne sont point écrit dans le langage du temps où elles furent publiées. Ce langage ayant vielli, on fut obligé de les traduire dans un idiome plus moderne. On y conserva tant qu'on put les expressions qui portoient l'empreinte de la vénérable antiquité.

La concision du langage législatif, fut dans le principe l'ouvrage de la nécessité. Lorsque l'écriture étoit inconnue ou peu familière, il n'existoit d'autre dépôt des lois, que la mémoire des hommes. On prit le parti de les mettre en vers, pour les y imprimer plus facilement : la gêne de la mesure tournoit au profit de la diction.

Quand on commença à faire usage des lettres, l'on manquoit de matière pour écrire. On fut obligé de graver les lois sur la pierre ou sur le bois. Cette méthode pénible excluoit encore les longueurs, et ne se prêtoit pas aux grands préambules. De-là vient que la brièveté et la concision ont toujours été le principal caractère et le premier mérite du style lapidaire; ils sont aussi ceux des anciennes lois romaines, des édits des préteurs, etc., qu'on trouve encore dans le digeste ou ailleurs. Le respect pour les

anciens usages se maintint en cela comme dans
tout le reste. Cicéron, après avoir discuté dans
son livre des lois les motifs de celles qu'il dési-
reroit de voir établir, les rédige ensuite dans le
style propre de son temps, à la législation romaine.

C'est peut-être là une des causes qui fit que la
décadence du goût se manisfesta plus tard, dans
les ouvrages des jurisconsultes, que dans ceux
des autres écrivains. Le digeste, quoique composé de fragmens de traités, écrits pour la plupart dans un temps où la pureté du langage étoit
déjà très-altérée, est encore un des monumens
de la belle latinité.

On ne la retrouve plus dans les édits ou les
rescrits des empereurs, dont la rédaction étoit
l'ouvrage des courtisans. Le langage en est
guindé, verbeux, obscur; on discute et l'on
raisonne, au lieu d'ordonner. Il n'y a rien de
comparable en ce genre, aux Novelles de Justinien, dont on accuse son Tribonien d'avoir tra-
fiqué. Il vouloit sans doute voiler ses prévarications, par l'abondance et l'obscurité des mots.
On trouve, sous le nom d'*authentiques*, dans
les corps de droit, quelques règles que des jurisconsultes du moyen âge, ont tâché d'exprimer des longs verbiages de Tribonien.

Il n'y a pas, que je sache, de code moderne,
dont la rédaction mérite d'être remarquée, si
l'on

l'on excepte peut-être celle de l'ordonnance de 1667. Il y a même très-peu de jurisconsultes parmi nous, ainsi qu'ailleurs, qui se soient distingués par la pureté ou l'élégance de leur style. Je ne prétends pas parler ici des magistrats qui ont rempli les fonctions du ministère public, ou des orateurs qui ont illustré notre barreau, et dont quelques-uns méritent d'être placés au rang de nos meilleurs écrivains

---

CHAPITRE IX.

De l'ordre et de la méthode dans un Système général de Jurisprudence.

LA justesse des proportions, l'harmonie et l'ensemble des parties, sont un des premiers mérite des ouvrages de la nature et de l'art. Les productions de l'esprit exigent de plus un certain ordre et un enchaînement dans les matières qu'on y traite, qui en facilitent l'intelligence, en leur donnant de la clarté (1).

L'ordre et une distribution régulière économisent le temps et l'espace. Le sujet que l'on traite n'a pas alors plus d'étendue qu'il n'en faut;

---

(1) *Tantùm series juncturaque pollet.* Horat.

on l'aperçoit en entier du premier coup-d'œil.
On voit par où il faut commencer; de quelle
manière ce qui suit se lie avec ce qui précède.
Il n'y a rien de superflu ni d'inutile : on n'est
pas arrêté par cette obscurité qui naît de la confusion des matières, et qui fait qu'un ouvrage
mal ordonné, ressemble à une maison mal dis-
tribuée, d'où l'on ne peut plus se tirer une fois
qu'on y est engagé.

J'ai fait voir plus haut qu'une science consis-
toit uniquement dans l'art d'en réunir les matériaux épars dans la nature et de les classer
dans leur ordre naturel. Les Grecs en furent les
inventeurs : Aristote, sur-tout, en donna le précepte et l'exemple; il ne fut connu des Romains
que du temps de Cicéron.

C'est par l'ordre et la méthode qui régnent
dans leurs ouvrages, que se distinguent principalement les écrivains français. On peut faire
ailleurs d'aussi bons livres, ou peut-être de
meilleurs que les leurs, mais nulle part on ne les
fera si bien. Le génie de la langue française, si
méthodique et parconséquent si claire, doit nécessairement se faire sentir dans ses productions.

La préface de l'Encyclopédie donna en entier
l'arbre généalogique de toutes les connoissances
humaines, dont Bacon avoit conçu l'idée, mais
qu'il n'avoit fait qu'ébaucher.

Pour en revenir à mon sujet, les premiers législateurs, dont les lois furent en petit nombre,
ne durent pas se mettre beaucoup en peine de
l'ordre dans lequel ils les disposeroient; mais
lorsque la jurisprudence fut devenue une science
d'une vaste étendue, que son domaine se trouva
agrandi par une multiplicité de lois sur des matières inconnues auparavant, ou abandonnées
jusqu'alors à la conscience des particuliers, à
l'arbitraire des juges ou aux opinions des jurisconsultes; l'on sentit la nécessité d'avoir un fil
qui guidât dans ce nouveau dédale.

L'on a vu, par ce que j'ai dit plus haut, que
tel étoit à-peu-près l'état de la jurisprudence à
Rome, vers la fin de la République; et que ce
fut à cette époque qu'on songea à la rédiger en
corps de science. On ne peut guères juger de la
méthode qu'on y mit, que par celle qui, long-
temps après, fut adoptée par Justinien. Mais ce
prince avoit si peu de règle fixe là-dessus, qu'il
rédigea son code sur un plan, et le digeste sur
un autre.

On n'a pas mieux fait dans le moyen âge après
la renaissance du droit romain ; il peut y avoir
quelque ouvrage théorique assez bien ordonné,
mais de jurisprudence-pratique aucun, si l'on
en excepte pourtant l'ouvrage de Domat. d'A-
guesseau, qui avoit beaucoup lu dans cette partie, donne la préférence à la méthode de Domat

sur toutes les autres. Je crois cependant qu'il y auroit quelque chose à dire sur la disposition générale des matières ; et si l'on suivoit l'idée que j'ai suggérée plus haut, de faire de ses lois civiles la base d'un code national , il faudroit peut-être se permettre quelques transpositions qui, en respectant le texte, en enchaîneroient mieux les diverses parties.

Quand je fis mon institution au droit français, dans laquelle en donnant un tableau raisonné de l'état actuel de la jurisprudence française, je suis cependant remonté jusques aux principes élémentaires du droit; je fus long-temps à méditer sur l'ordre dans lequel je les rangerois. Je suis loin de donner celui que j'adoptai, comme le meilleur; il me parut cependant le plus naturel; et j'ai vu que quelques bons esprits, qui ont fait attention à ce genre de mérite, peu saillant par lui-même, et frappant rarement le vulgaire des lecteurs, en ont jugé de même.

Les bornes d'un tel ouvrage ne permettoient pas de donner à mon plan toute l'étendue dont il auroit été susceptible ; il fallut s'en tenir à en esquisser les principaux traits. Voici au reste quel fut mon procédé, et sur quelles bases je l'établis; on pourra juger si je me suis trompé.

Justinien, à l'exemple sans doute des jurisconsultes qui l'avoient précédé, divise d'abord toutes les matières du droit en trois parties principales, ou, si l'on veut, en trois genres, qui sont les personnes, les choses, et les actions. C'est une des meilleures divisions qu'on pût trouver. Elle présente, sous trois branches fondamentales, le système entier de la jurisprudence, avec autant d'exactitude qu'il est possible d'en mettre, dans cette variété infinie de matières, qui résistent souvent à ces distributions, dont les bases doivent se prendre dans la nature même, mais qui ne sont la plupart du temps, que des opérations arbitraires de l'entendement.

Le vice ordinaire de celles qui sont mal faites, c'est de rentrer les unes dans les autres; la nature confond alors ce que l'entendement a voulu distinguer. La division dont je viens de parler n'est pas absolument exempte de ce défaut; car, les actions peuvent à la rigueur, et sous certains rapports, être mises au nombre des choses qui forment la propriété des personnes. Cependant les actions n'ayant d'autre but et d'autre produit réel, que de contribuer à la conservation et à la sûreté des personnes et des choses, c'est sans doute pour cela qu'on en a fait une classe particulière.

Ce qui mérite sur-tout notre attention, c'est que les personnes qui forment la première branche de la division dont je viens de parler, sont l'objet, à qui tout se rapporte dans le droit: car si les personnes n'existoient pas, les choses seroient inutiles pour leur usage; il n'y auroit pas d'action à exercer.

Les lois ne sont donc faites que pour les personnes; elles les protégent dans les diverses positions de la vie; elles les dirigent dans l'usage des choses qu'elles possèdent, et dans les actions qu'elles intentent, en réclamant ce qui leur appartient, ou en demandant réparation du tort qu'on leur a fait. Qu'on suppose un individu placé successivement dans toutes les situations dont la vie humaine est susceptible, et dans tous les rapports où il peut être avec ses semblables, on verra naître de-là une espèce de roman légal, qui fera connoître les relations de cet individu avec ses semblables, et les règles auxquelles elles sont soumises.

Un système général de jurisprudence, n'est que ce roman mis sous une forme didactique.

Le droit des personnes forme donc la première et la principale branche de la jurisprudence. En rédigeant les lois qui les concernent, on doit d'abord faire connoître le gouvernement sous lequel elles sont nées, et l'espèce d'association dont elles font partie; les distinctions qui y sont établies, la diversité des rangs et des dignités qu'on y a créés; quels sont les droits des différens membres de la société politique, et la manière dont ils les excercent.

Les lois qui règlent la constitution politique

d'un pays, doivent donc se trouver à la tête de son code.

Après avoir vu ce que sont les personnes dans l'ordre politique, on vient à les considérer dans l'ordre domestique.

Les personnes dans l'ordre domestique sont, ou indépendantes, ou sous la puissance et la direction des pères, des tuteurs, curateurs, ou des maris.

On aperçoit déjà que la sollicitude de la loi est telle, qu'elle s'occupe des hommes dès les premiers instans de leur existence. Quel seroit en effet leur sort, comme je l'ai dit ailleurs, si, dans leur enfance, ils n'étoient protégés par des êtres plus forts et plus intelligens, qu'ils ne le sont eux-mêmes à cette époque? Tels sont, malgré cela, les accidens de la vie, qu'il en est qui ramènent les hommes à un état pire que celui de l'enfance, comme l'imbécillité, la démence, la caducité, et tant d'autres infirmités auxquelles l'espèce humaine est sujette. Pour assurer aux hommes un exercice égal de leurs droits, et suppléer, par le secours d'autrui, à l'intelligence que la nature a refusée ou ravie à quelques-uns, il a fallu nécessairement que les lois se réglassent, d'après les divers états, soit constans, soit accidentels, où ils peuvent se trouver. De-là les lois sur la puberté, la minorité, la majorité, la démence, l'imbécillité, etc. Les diverses positions par où l'homme passe ou peut se trouver, jointes à la différence du sexe, forment ce qu'on appelle *l'état des personnes*, et sont, comme nous venons de le voir, le principe des lois qu'on a faites à ce sujet (1).

CHAPITRE X.

De la Puissance paternelle.

MON dessein n'est que de donner le plan abrégé d'un système général de jurisprudence. Je suis loin de vouloir entrer dans le détail de toutes ses parties; il faudroit un plus gros volume que celui que je suis dans l'intention de faire. Ceux qui désireroient de plus grands développemens, les trouveront dans mon institution au droit français. Mais il est deux points si capitaux et dont il est si important d'éclaircir la nature de débrouiller les principes, que je crois devoir m'y arrêter quelques instans ; je veux parler de la puissance paternelle et du contrat de mariage.

La puissance paternelle est le principe et le modèle de toutes les autorités tutélaires de

____

(1) Institution au droit français, pag. 2 et *suiv*.

l'ordre social : elle est le pur ouvrage de la nature. De tous les temps, on n'a pas cru pouvoir faire un plus grand éloge d'une autorité quelconque, qu'en y donnant l'épithète de paternelle. Je ne parlerai ni de son origine, qui date de celle du monde, ni de son étendue ; elle a existé chez les peuples les plus renommés par leur civilisation et par leur moralité.

Les Romains la regardoient comme la plus précieuse de leurs institutions. Un père étoit chez eux le maître absolu de ses enfans. La loi des douze tables les met au rang des *choses*, dont le père disposoit à sa volonté. Aussi les pères avoient-ils le droit de vendre leurs enfans comme leurs esclaves ; de les condamner même à perdre la vie. Cette autorité subsista dans toute sa plénitude, pendant plus de neuf siècles. On retrancha quelques-unes de ses prérogatives sous les empereurs. Celles qu'on lui laissa, assez grandes encore, s'étoient maintenues jusqu'à la révolution, dans presque tous les pays appelés de droit écrit.

La puissance paternelle n'y cessoit que par la mort du père ou par l'abdication volontaire qu'il en faisoit, en émancipant ses enfans. Il étoit le maître, à quelques légères exceptions près, des fruits de leurs biens. Il avoit sur eux un droit modéré de correction ; il pouvoit les déshériter en certains cas ; et dans tous , en leur donnant une portion de sa succession , connue sous le nom de *légitime* , il disposoit du surplus comme il le trouvoit bon.

Chez nous , comme chez les Romains , on ne cite qu'un bien petit nombre d'abus d'une autorité qui en paroissoit si susceptible. C'est que l'usage en étoit dirigé par un sentiment dont les erreurs et les égaremens mêmes ne sont jamais d'une longue durée. Le père , dont aucune discussion d'intérêt avec ses enfans n'altéroit la tendresse , s'y abandonnoit entièrement dans sa prévoyance pour leurs besoins et pour leur établissement. Il étoit dans tous les temps véritablement le père de ses enfans ; jamais ils ne lui devenoient étrangers. Les frères ne l'étoient pas même entre eux. Ceux qui vivoient hors de la maison paternelle , venoient à des époques solennelles visiter le foyer sacré qui les avoit vus naître , et au milieu des plus douces affections , donner une nouvelle force aux liens qui les unissoient.

La France coutumière n'avoit aucun de ces avantages. Presque par-tout le père n'étoit que le tuteur de ses enfans ; il devenoit leur comptable à la fin de la tutelle ; il étoit obligé de leur rendre tous leurs biens. Souvent des procès graves s'élevoient parmi eux ; quelquefois l'opulence des enfans fesoit un contraste affligeant avec la misère du père. On avoit, dans le 16ᵉ siècle, donné aux pères du pays coutumier, le droit dont jouissoient déjà ceux du pays de droit, de faire précéder de leur consentement le mariage de leurs enfans. Mais cette prérogative, suite nécessaire de la dernière législation, étoit absolument discordante avec l'autre ; aussi ce fut une intrigue de cour, plutôt que des vues d'intérêt public, qui la firent établir.

L'esprit révolutionnaire, qui a ébranlé et même renversé tant de colonnes de l'ordre social, n'a pas respecté la puissance paternelle, qu'on peut regarder, je le répète, comme la première de toutes. Un décret de l'assemblée constituante l'avoit déjà énervée considérablement, en transportant à un conseil de famille le droit de correction qui lui appartenoit essentiellement.

Mais un décret du 28 août 1792 lui porta le dernier coup, en ordonnant qu'elle cesseroit à la majorité reculée à vingt-un ans, de vint-cinq où elle étoit fixée auparavant.

On ne s'aperçut pas d'abord de tous les effets de ce décret désastreux. L'habitude soutint encore quelques instans cette puissance antique, quoique si fortement ébranlée ; mais elle n'a pu résister long-temps aux progrès de l'immoralité et de tous les désordres qu'elle a traînés avec elle. La puissance paternelle auroit pu les arrêter jusqu'à un certain point ; et cette considération n'a pas peu contribué à accroître les regrets que sa chute a occasionnés dans ces pays où elle avoit entretenu, pendant tant de siècles, la paix et l'union dans les familles.

On menace même jusqu'aux débris qui en restent; et l'uniformité qu'on se propose d'établir dans la législation, va en effacer jusqu'aux derniers vestiges. La France coutumière, dont l'ascendant a été bien plus puissant dans la formation des lois nouvelles, que celui du pays de droit écrit, ne peut vouloir d'une puissance qui contrarieroit tout à-la-fois ses habitudes anarchiques, et seroit en quelque sorte opposée à l'esprit général de ses institutions anciennes et modernes. Le père ne sera par-tout que le tuteur de ses enfans, soumis en plusieurs cas à la censure ou à la surveillance d'un subrogé tuteur, ou même d'un conseil de famille.

Je ne sais pas comment, après l'expérience bien récente qu'on a faite de la nullité des conseils de familles, on peut les faire entrer pour quelque chose dans un système de législation. Non contente de leur avoir attribué le droit de correction dont elle dépouilloit la puissance paternelle, l'assemblée constituante voulut ériger les conseils de famille en autant de tribunaux, et en faire, dans une infinité de cas, des arbitres forcés. Jamais institution n'a plus mal répondu aux espérances illusoires qu'on en avoit conçues.

Ces prétendus tribunaux de famille ne se trouvoient, la plupart du temps, composés que de
gens qui étoient absolument étrangers à la famille, et souvent d'hommes de loi qui se faisoient payer fort cher, la peine qu'ils se don-
noient d'en représenter le simulacre. La Con-
vention fut forcée de les supprimer, et d'abandonner aux cours ordinaire de la justice, les
affaires qui leur étoient attribuées.

Si l'on suppose que la corruption des mœurs
soit telle, qu'il faille se méfier de la tendresse si
naturelle et si peu fautive des pères pour leurs
enfans, pourra-t-on mettre plus de confiance
dans un conseil de famille ou un subrogé tuteur?
accordera-t-on à tous ces gens-là un cœur plus
juste, plus impartial, plus indulgent, plus affectueux que celui d'un père ? Si le conseil ou le
subrogé-tuteur sont les surveillans du père, qui
les surveillera eux mêmes ? de tous ces pouvoirs
que l'on place ainsi à la file les uns des autres,
il faut qu'il y en ait toujours un qui ait une autorité impunie. Cela ressemble au systéme de ces
philosophes Indiens qui font porter le monde
sur un éléphant, l'éléphant sur une tortue, et
la tortue sur rien.

Les conceptions d'un législateur doivent avoir
un tout autre caractère de grandeur, de raison,
et de simplicité. Il choisit ses ressorts le plus
près qu'il est possible de la nature; et s'ils ne ré-

pondent pas toujours à son espoir, il suffit qu'ils le remplissent le plus souvent. Quand il les multiplieroit davantage, ils ne serviroient qu'à compliquer sa machine et à en paralyser les mouvemens.

En effet, quand d'un bon père on veut en faire un mauvais, on n'a qu'à établir entre lui et ses enfans des discussions d'intérêt, et à le mettre encore lui-même sous une tutelle étrangère. Tous ses sentimens de tendresse et d'affection s'altéreront au milieu des débats qu'il sera obligé d'essuyer, et par l'aigreur que ne manquera pas de lui causer une censure, dont l'injustice viendra souvent peser sur son cœur.

Malgré la nullité où seroit réduite la puissance des pères, on veut cependant leur donner le droit exorbitant de pouvoir faire enfermer leurs enfans pendant un espace de temps, qui ne pourra cependant excéder une année. Mais qui a dit que ce temps suffira toujours, pour corriger les inclinations perverses d'un enfant dénaturé? N'est-ce pas comme un médecin qui ordonneroit le même remède pour toutes les espèces de maladie? celui qu'on soumettra à la correction, assuré d'en voir bientôt le terme, ne s'en embarrassera guères; et peut-être n'en sortira-t-il qu'avec l'atroce résolution d'en faire repentir l'imprudent qui la lui aura infligée. Quelle facilité ne trouvera-t-il pas pour cela dans les lois qui séparent les intérêts des pères d'avec ceux des enfans, et qui affranchissent ceux-ci de toute surveillance, à l'âge où elle leur seroit le plus nécessaire? tel père auroit fait enfermer son fils, qui, quelques mois après, pourroit être mis par lui hors de sa propre maison.

Le premier mérite des lois est d'être en harmonie entre elles. Le droit de correction étoit une prérogative convenable, et même nécessaire à la puissance paternelle, pleine, entière et indépendante; mais il ne sauroit aller avec celle qui n'en conserve que le nom. Ou rendons-lui toute sa force et toute sa vigueur; ou gardons-nous, par des attributions inconsidérées, d'insulter à ses manes vénérables, en provoquant des outrages contre le fantôme qu'on veut y substituer.

CHAPITRE XI.

Du Mariage.

Après avoir traité de la nature et des prérogatives de la vraie puissance paternelle, il convient, à l'exemple de Justinien, de remonter aux sources d'où elle dérive.

Les lois romaines en assignent trois : le ma-

riage, la légitimation, l'adoption. La première
est la principale, peut-être même l'unique ; les
deux autres n'en étant que la suite ou l'imitation.

Il est inutile de s'occuper de ce qu'a été ou
de ce que seroit le mariage dans l'état purement naturel ; recherches vaines et inutiles,
puisque les lois civiles ne peuvent le considérer,
que dans ses rapports avec l'état de société, dont
il est la base et le modèle.

Le mariage est un contrat par lequel deux
personnes, d'un sexe différens, s'engagent à
s'unir et à passer leur vie ensemble.

Le but de cette union est la propagation de
l'espèce humaine et le bonheur commun des
conjoints. Elle doit donc être perpétuelle ; car
si elle n'étoit que passagère, l'espoir de la société seroit trompé ; l'éducation des enfans qui
exige la réunion des soins des deux époux ne
pourroit s'accomplir. Les époux eux-mêmes
seroient privés des secours mutuels, par lesquels ils s'entraident à supporter les peines de
la vie, et se rendent moins pénible la route qui
conduit à son terme.

Le contrat de mariage ne présente, au premier coup-d'œil, que des devoirs et des obligations à remplir. La sage nature a su les adoucir,
y donner même des attraits, par cette forte in-
clination, qui porte un sexe vers un autre, et

ensuite

ensuite par cette tendresse de tous les animaux en général, pour les êtres à qui ils ont donné le jour.

La naissance des enfans resserre les liens des époux. A défaut, le temps, l'habitude de vivre ensemble, le besoin mutuel de société et de secours, produisent souvent le même effet.

Le mariage offre donc la réunion des plus douces affections de la nature. L'idée que les anciens jurisconsultes s'en formoient, étoit en partie tirée de celle qu'ils avoient de l'amitié, en partie de la relation qu'ils imaginoient entre un père et un fils.

Mais plus le mariage étoit nécessaire à la propagation et au bonheur de l'espèce humaine, plus il étoit essentiel d'en affermir les liens, et de les garantir des atteintes des passions, qui cherchent sans cesse à les relâcher et même à les rompre.

Tous les législateurs ont commencé par là; et ce premier objet de leurs soins, étoit le plus important comme le plus difficile à régler.

L'essence du mariage, comme de tous les autres contrats, consiste dans le consentement des parties.

Ce ne fut pas sans doute une chose aisée, que de faire comprendre à des hommes, encore à moitié barbares, ce que c'étoit qu'un contrat, et comment des promesses qu'ils avoient faites, et du consentement qu'ils avoient donné, il résultoit pour eux des obligations, c'est-à-dire des liens invisibles, auxquels devoient céder les désirs ou les passions les plus impérieuses.

Pour réussir, il fallut parler plutôt à leurs sens qu'à leur intelligence. On environna les contrats des formes les plus capables d'en imprimer le souvenir dans la mémoire, et d'en faire respecter les engagemens. On en fit promettre l'observation par les sermens les plus redoutables; et au milieu des sacrifices solennels, on implora la vengeance de la divinité, contre ceux qui oseroient les enfreindre. Les contrats entre les particuliers, comme les traités entre les nations, étoient anciennement accompagnés de ces formes imposantes.

Lorsque les progrès de la civilisation les eurent rendues inutiles dans les contrats ordinaires, l'importance de celui du mariage les y fit conserver. Il n'est aucune nation policée, où la religion n'intervienne plus ou moins dans sa célébration.

Pour le rendre plus respectable encore, la religion catholique en fit un sacrement : elle ne changea pas pour cela son essence, qui consista toujours dans le consentement des parties. Le sacrement ne fut que l'accessoire, et aux yeux de la loi civile, le mariage ne fut jamais qu'un simple contrat. Cela étoit très-raisonnable; car un sacrement, qui est une chose invisible, ne pouvoit être l'objet d'une loi quelconque.

L'intervention même du prêtre n'étoit pas rigoureusement nécessaire, pour donner au mariage la qualité de sacrement : elle l'accompagne de quelque manière qu'il soit célébré.

On appella dans le moyen âge, *mariages clandestins*, ceux que l'on contractoit hors de la présence du prêtre. Ils étoient très-communs avant le concile de Trente ; il suffisoit, pour la validité du mariage, qu'on en eût constaté l'existence d'une manière quelconque. La loi naturelle prévalut même sur la loi religieuse auprès des Pontifes Romains ; et ils déclarèrent plusieurs fois, dans leurs décrétales, qu'on ne pouvoit annuller les mariages, pour n'avoir pas été célébré en présence de l'église, lorsque les parties étoient d'ailleurs capables de le contracter, et que leur consentement réciproque étoit bien constaté (1). Cette tolérance ecclésiastique mérite d'autant plus d'être remarquée, qu'elle forme un contraste frappant avec l'intolérance civile, dont nous parlerons plus bas.

Le concile de Trente embrassa une autre opinion que celle des décrétales, mais ce ne fut pas sans une grande opposition.

Quoique le concile de Trente n'ait pas été

____

(1) Voyez le Traité du mariage de Pothier.

6 *

reçu en France, l'ordonnance de Blois en adopta les règles de discipline concernant le mariage; et ce n'est que depuis cette époque, que la présence du curé étoit parmi nous partie intégrante et nécessaire de sa célébration. Malgré cela, les cours de justice modifioient souvent la rigueur de la loi; et lorsqu'il y avoit possession d'état, c'est-à-dire, que des époux avoient constamment été reconnus pour tels, on déclaroit qu'il y avoit mariage, bien que l'on ne représentât pas l'acte de célébration.

L'essence du mariage, comme celle de tous les autres contrats, consistant dans le consentement des parties, il suit que les engagemens qui en résultent, ne sont valables qu'autant que ce consentement a été libre, éclairé, et donné par des personnes capables.

Dans les contrats ordinaires la capacité se règle par la majorité. Jusques-là on suppose que les parties n'ont pas eu l'intelligence nécessaire pour se lier d'une manière irrévocable.

Dans le mariage, la capacité intellectuelle est subordonnée à la capacité physique; et comme celle-ci est ordinairement plus précoce, les engagemens du mariage sont valables à un âge, où les autres sont regardés comme nuls.

La nature ne donne cependant que des indications vagues sur l'époque à laquelle on peut contracter mariage. Dans l'ancien droit romain, on se déterminoit par l'inspection du corps, et par l'estimation des facultés physiques. Justinien crut que cela ne pouvoit se concilier avec la décence que le christianisme avoit introduite dans les mœurs ; il fixa l'âge pour le mariage à quatorze ans pour les hommes, et à douze ans pour les filles. Le droit canonique en revint cependant sur cela à l'usage de l'ancien droit romain.

Il faut convenir que ces lois, par lesquelles on prétend fixer la marche si variable de la nature, sont nécessairement défectueuses en plusieurs cas ; car si des époux ont devancé l'âge indiqué pour le mariage, et ont donné le jour à un être nouveau, la loi qui leur interdisoit le mariage avant un certain âge, n'étoit à leur égard qu'une loi de police, dont l'inobservation ne sauroit faire annuller leur union. Peut-on dire en effet qu'il n'y a pas de mariage entre eux, quand la nature prouve le contraire d'une manière si expresse ?

Le mariage diffère encore des autres contrats, en ce qu'il n'est pas permis à toutes personnes de se marier entre elles, comme il leur est libre de prendre tout autre engagement ; et c'est encore ici une des lois qui tiennent à l'essence du mariage. Il ne faut pas croire que les législateurs, en prohibant le mariage entre parens, jusqu'à un certain degré, n'aient fait qu'une loi arbi-

traire : ils ont obéi en cela à une des plus puis-
santes inspiration de la nature.

Buffon a remarqué qu'il ne naissoit jamais des
mariages incestueux que des races dégénérées,
et que les races croisées étoient toujours les plus
fortes. Dans ses recherches sur les Égyptiens,
Paw attribue avec raison à l'usage abominable
de marier le frère avec la sœur, cette succession
de monstres au physique comme au moral, qui
souilla en Égypte le trône des Ptolémées.

L'ancienne Rome avoit donné une grande
preuve de sa moralité, par les règles qu'elle avoit
établies sur cette matière. La prohibition du
mariage s'étendoit au-delà du degré de cousin-
germain ; et l'on voit dans Tacite le scandale
qu'excita le mariage de l'empereur Claude avec
la fille de son frère (1). Justinien, s'écartant de
l'ancienne sévérité, réduisit les degrés pour le
mariage, à peu de chose près au point où les a
réglés parmi nous la loi du 20 septembre 1792.

Les lois canoniques du moyen âge, prohiboient
le mariage jusqu'au septième degrés. C'étoit
sans doute outrer les choses ; et le concile de
Trente, en s'arrêtant au quatrième degré, avoit
fait peut-être tout ce qu'exigeoient la décence
et l'honnêteté publiques. On accordoit quelquefois des dispenses pour les degrés les plus éloi-

____

(1) *Tacit. Annal.* XII. 5.

gnés ; mais cette indulgence, dans les cas où elle pouvoit être nécessaire, empêchoit que l'abus ne devînt général.

L'union dans les degrés rapprochés, sur-tout entre ascendans et entre frère et sœur, étoit qualifiée d'inceste et classée au nombre des délits. La législation de tous les peuples policés est uniforme sur ce point. L'inceste est en effet un des plus sanglans outrages qu'on puisse faire à la nature.

« Dans le mariage, dit la loi romaine, il ne » faut pas uniquement s'arrêter à ce qui est per- » mis, mais il faut encore chercher ce qui est » honnête (1) ».

« C'est la loi naturelle et la pudeur qu'on doit » principalement considérer (2); il ne sauroit y » avoir de mariage entre un père et ses enfans, » entre des frères et des sœurs (3) ». La transgression de ces lois fondamentales de toute société et de toute morale, étoit punie sévérement (4).

La plupart de nos jurisconsultes ont mis au nombre des lois qui tiennent à l'essence du mariage, celle qui exige le consentement préa-

____

(1) *Leg. 42 dig. de rit. nupt.*

(2) *Leg. 14. parag. 2 , ibid.*

(3) *Leg. 53. ibid.*

(4) *Heinecc. parat. digest. par. 7 n.º 191.*

lable des parens. Cette opinion dérive des anciens principes de la loi romaine, qui plaçoit les enfans au rang des choses, dont l'entière disposition appartenoit aux pères. Ce consentement se trouvoit alors une suite nécessaire de la puissance paternelle ; et il étoit requis, comme forme intégrante du mariage, dans les pays où les droits de cette puissance existoient encore.

Il ne pouvoit en être de même dans les autres. Personne n'ignore, en effet, que le consentement des pères, pour le mariage de leurs enfans, ne fût introduit dans les pays coutumiers, que par l'édit de 1563, qui se trouva en opposition avec l'esprit général de la législation de ces contrées. Aussi ce fut une intrigue de cour, plutôt qu'aucune considération d'intérêt général, qui fit rendre cet édit, pour empêcher ce qu'on appeloit alors les mésalliances.

Le consentement des pères, au mariage de leurs enfans, ne peut, dans les principes de la loi coutumière, raisonnablement exister, que pendant la minorité des enfans, comme moyen d'éclairer leur choix et d'assurer la liberté de leur consentement. C'est sous ce rapport, que ce droit, à défaut de parens, passe au tuteur ou à un conseil de famille ; ce qui n'avoit pas lieu dans les pays où il dérivoit de la puissance paternelle, dont les pouvoirs s'éteignoient par la mort du père, auquel ils appartenoient exclusivement.

CHAPITRE XII.

Continuation du même sujet. Des Lois de po-
lice sur le mariage.

Le consentement qui forme l'essence du mariage n'est qu'un acte fugitif, qu'il est de l'intérêt de ceux qui le donnent, comme de la société
entière, de rendre fixe et stable.

Avant que l'usage de l'écriture fût connu ou
au moins devenu commun, les contrats ne se
fesoient que verbalement. On avoit soin d'en
exprimer les conditions par des formules, ou de
les accompagner d'un cérémonial, qui en im-
primât le souvenir dans la mémoire. Quand on
en contestoit l'existence ou la teneur, il falloit
recourir au témoignage si fautif ou si incertain
des hommes. Ce fut un grand pas vers la civilisation, lorsqu'on fut parvenu à rédiger les conventions par écrit.

Cette rédaction ne changeoit pas la nature des
contrats. Dans aucun temps, ni dans aucun pays,
l'écriture ne fut regardée comme étant de leur
essence : elle n'en est que la preuve ; et cette
preuve n'est requise que lorsque les parties dé-
nient le contrat, ou qu'étant décédées, on est
incertain s'il a existé.

Mais quand elles avouent le contrat, l'acte

qui lui servoit de preuve est inutile ; et dans un tel cas , ce seroit le comble de l'absurdité de déclarer le contrat nul, parce qu'on n'en produiroit pas la rédaction écrite.

L'aveu des parties peut être exprès ou présumé; le premier se fait verbalement ou par écrit ; l'autre n'est que la conséquence qu'on tire d'une suite de faits qui le supposent ; comme si un homme et une femme ont constamment vécus comme époux , et ont été reconnus pour tels dans l'opinion publique : c'est ce qu'on appelle la *possession d'état,* que les lois et les tribunaux de tous les pays ont toujours respectée.

Il y a donc mariage par-tout où le consentement qui le forme est constant , et où les lois qui tiennent à son essence n'ont pas été violées. La loi civile n'a pas le droit de le méconnoître sous prétexte que les formalités dont elle a cru devoir l'accompagner, n'ont pas été observées : elle peut bien infliger quelque peine à cette inobservation, mais l'engagement contracté subsiste toujours.

Les Papes, dans leurs décrétales, imposoient une pénitence à ceux qui ne se marioient pas suivant les formes usitées ; mais il n'avoient garde d'annuller leur mariage ; ils savoient bien qu'ils ne pouvoient déroger à la loi naturelle qui l'avoit consacré. Ceux qui ont établi des maximes contraires, croient donc avoir un tel pouvoir.

il résulte de cette distinction des lois qui tiennent à l'essence du mariage, et de celles qui n'en règlent que les formes extérieures, que les unes, dérivées du droit des gens, sont uniformes chez tous les peuples civilisés, tandis que les autres, n'étant qu'une émanation du droit civil, varient au gré des législateurs.

Par une conséquence nécessaire, le mariage, dans lequel les lois naturelles ont été respectées, est valable quelque part qu'il ait été contracté : ses effets civils diffèrent seulement suivant les lois de chaque pays.

Si dans une union il y a erreur, violence, inceste, incapacité physique, la loi civile ne dissout pas le mariage ; cela excède ses pouvoirs quand il existe réellement : elle déclare seulement qu'il n'y en a pas eu.

Elle ne peut faire une telle déclaration, quand il n'y a d'autre reproche à faire aux époux, que la simple omission de quelque forme extérieure. On ne sauroit soutenir qu'il n'y a pas eu mariage, lorsque les parties ou des faits constans attestent le contraire.

Les lois canoniques avoient fort bien saisi cette distinction, et l'ancienne jurisprudence française l'avoit adoptée. Jamais l'omission d'une forme extérieure ne suffiroit pour faire annuller un mariage, quand il n'y avoit pas violation de quelqu'une des lois, qu'on considéroit comme tenant à son esssence. L'omission, par exemple, de la publication des bans, n'étoit pas admise comme moyen de cassation, contre un mariage d'ailleurs légitime.

Cette publication, inconnue dans le droit romain, fut introduite par les ecclésiastiques dans le moyen âge.

Nous avons vu que le mariage étoit alors prohibé jusqu'au septième degré de parenté, et même d'alliance. Comme on ne tenoit nulle part des registres de l'état civil, on ne pouvoit connoître que par le témoignage des hommes, la parenté ou l'alliance qu'il y avoit entre les futurs époux ; il falloit donc réveiller la mémoire par des proclamations préalables et réitérées.

Malgré cela, cette précaution n'étoit pas toujours suffisante, pour découvrir toutes les ramifications d'une parenté aussi étendue. Il se faisoit bien des mariages dans les degrés prohibés ; et comme souvent on s'en rapportoit sur cette découverte à l'assertion des parties, on avoit alors un moyen de faire dissoudre le mariage, plus facile encore que celui imaginé de nos jours, du divorce par l'incompatibilité d'humeur.

Mais quand le concile de Trente eut réduit la prohibition du mariage au quatrième degrés, et que les états, mieux policés, commencèrent à avoir des registres publics, les proclamations des bans devinrent moins nécessaires : aussi étoit-il ordinaire de dispenser des deux premières.

La sagesse des lois sur le mariage, consiste donc à savoir bien distinguer ce qui tient à son essence, d'avec ce qui y est seulement accessoire. L'ancienne jurisprudence s'étoit rarement écartée de cette distinction. C'est en confondant deux classes de lois si différentes, que la nouvelle législation a brouillé entièrement la législation du mariage, et a fait même, jusqu'à un certain point, un moyen de vexation, des formes dont elle a jugé à propos de l'environner.

CHAPITRE XIII.

Des innovations faites dans les Lois sur le mariage.

IL y avoit bien peu à redire à nos anciennes lois matrimoniales. La police de cette matière étoit assez bien établie, et les règles qu'elle prescrivoit s'exécutoient avec beaucoup d'exactitude. La jurisprudence des tribunaux adoucissoit la dureté de certaines lois de circonstance, que je suis loin de vouloir justifier. Il ne falloit pas une grande réforme, pour porter cette partie essentielle de la législation, à ce degré de perfection, auquel l'infirmité de la nature humaine permet d'aspirer.

Mais l'esprit révolutionnaire, qui sembloit vouloir bouleverser parmi nous l'ordre social, ne devoit pas ménager le contrat de mariage, qui en est la première base.

On ne peut se dissimuler que ce fut l'assemblée constituante qui y porta une atteinte irréparable, en effaçant l'adultère, et sur-tout l'inceste, du nombre des délits ; et en ne les classant pas même parmi ceux contre les bonnes mœurs, dont elle attribua la connoisance aux tribunaux de police correctionnelle.

La loi fut dès-lors dans l'impuissance de réprimer les outrages faits à l'honnêteté et à la pudeur, les premières choses que la loi romaine veut que l'on considère dans le mariage. L'on se contenta seulement, dans la suite, de déclarer nulles des unions incestueuses, telles que celles d'un père avec sa fille, d'un frère avec sa sœur. Le remède, il faut en convenir, fut pire encore que le mal. Il suppose en effet qu'il a pu exister un mariage entre ces personnes ; car on n'annulle que ce qui est. Je ne sais si un peuple, qui a une telle lacune et de telles dispositions dans ses lois, a droit de se mettre au rang des peuples policés. Il est impossible de dire à quel point de dépravation on peut arriver, avec de pareilles maximes.

On établit ensuite en principe, que le mariage

ne seroit plus regardé que comme un contrat civil : nous avons vu que les anciens tribunaux ne l'avoient jamais considéré autrement. Cette déclaration inutile ne signifioit autre chose, sinon que le mariage ne seroit plus consacré par l'intervention de la religion.

Mais en tirant le mariage de l'empire des lois religieux, on en parodia toutes les formes. Une espèce de sacrement révolutionnaire fut substitué au sacrement religieux, et les formes dont on l'entoura furent infiniment plus sèvères. Le curé fit place a un officier public ; il fallut une publication préalable des bans, devenue à-peu-près inutile par l'extrême réduction des degrés de parenté. On imagina jusqu'à un formulaire de paroles, que les époux et l'officier public étoient tenus de prononcer. On fit plus encore : ce qui n'étoit tombé dans l'esprit d'aucun législateur, on fixa le lieu et le jour même où les mariages pouvoient être exclusivement célébrés, à peine de nullité. On vit même en plusieurs endroits, les époux promettre de remplir les devoirs sacrés du mariage, en présence des bustes de Voltaire et de Rousseau, dont l'un passa sa longue vie dans le célibat, et l'autre envoya ses enfans à l'hôpital.

Tel étoit ce nouveau genre de fanatisme, qu'en mettant sur la même ligne les lois qui ne règlent que la police extérieure du mariage et celles qui tiennent à son essence, il multiplioit les obstacles pour sa conclusion, tandis que d'un autre côté le divorce donnoit toutes les facilités possibles pour le dissoudre.

L'arrêté du 7 thermidor an VIII, que nous devons à la sagesse du gouvernement actuel, délivra le mariage d'une partie des entraves qu'on y avoit mises. Il en reste cependant encore, et la législation du mariage est toujours à-peu-près la même quand au fond ; il ne sera possible de l'améliorer qu'en bien distinguant les lois qui le régissent, et dont l'autorité ne sauroit être d'une égale force.

Dès que le mariage n'est plus aux yeux de la loi qu'un simple contrat civil, c'est-à-dire qu'elle n'exige plus pour sa validité l'observation d'aucune cérémonie religieuse et l'intervention du ministre du culte, on se trouve au point où l'on en étoit avant le concile de Trente et l'ordonnance de Blois, qui firent de ces formes une des conditions nécessaires pour la validité du mariage.

Auparavant, lorsque le consentement des parties étoit constaté d'une manière quelconque, on n'en exigeoit pas davantage ; je ne vois pas pourquoi il n'en seroit pas de même aujourd'hui.

L'on ne manquera pas de dire que le concile de Trente et l'ordonnance de Blois ayant déclaré nuls les mariages, où l'on n'auroit pas

observé

servé les formalités qu'ils prescrivent, l'autorité législative d'aujourd'hui peut également refuser de reconnoître les mariages, qui ne seroient pas contractés, suivant les formes qu'il lui plaira d'établir. Cette objection prouveroit que le seul motif pour lequel on veut un officier public, des écritures; c'est qu'il y avoit autrefois un prêtre, etc. Ce n'est ici, comme en beaucoup de choses, qu'affaire de mode et d'imitation. Mais tout cela n'est pas bien ancien, puisqu'il ne remonte qu'à environ deux siècles.

L'on sait, et je l'ai déjà remarqué plus haut, que le décret du concile de Trente, qui déclaroit nuls les mariages clandestins, ne passa qu'après la plus vive opposition de plusieurs prélats, aussi vertueux qu'éclairés, qui soutenoient que le consentement des parties faisant seul le mariage, et que; tel étant la pratique de tous les temps et de tous les peuples; aucune puissance ne pouvoit l'assujettir à des formes, dont l'observation ne fut jamais que volontaire, et ne fit nulle part, partie essentielle de sa célébration.

D'ailleurs, dans les lieux où l'on suit simplement le concile de Trente, le prêtre ne joue qu'un rôle passif dans la célébration du mariage. Les parties se présentent devant lui avec quatre témoins, et déclarent qu'elles se prennent pour époux. Tout est fait par là : l'on n'a besoin

7.

ni du consentement du prêtre, ni encore moins de ses écritures.

Ce n'est qu'en France, où l'on est en usage de tout outrer, que des ordonnances de Louis XIII et de Louis XIV donnèrent plus d'importance à la présence du curé, dans la célébration du mariage, que ne lui en avoit accordé le concile de Trente. On n'alla cependant pas jusqu'à décider qu'un mariage, pour être valide, devoit nécessairement être écrit sur du papier. Cette découverte étoit réservée pour la fin du dix-huitième siècle. L'aveu des parties ou la possession, suffisoit pour légitimer le mariage. (1)

Au reste, les cérémonies religieuses étoient une espèce de consécration des engagemens des époux, et servoient auprès du plus grand nombre, à les rendre plus saints et plus inviolables ; mais il ne peut en être ainsi des formes ordonnées par la loi civile, qui quelquefois loin d'inspirer plus de respect pour l'union conjugale, produisent un effet opposé, par la manière indécente dont on les exécute. (2)

---

(1) On m'a assuré que dans les Etats-Unis, les époux se contentent de faire bénir leur mariage à l'église, et qu'on ne l'écrit jamais : voilà, d'après les lois françaises, une nation entière de bâtards. Il y en a bien d'autres.

(2) J'en appelle à témoin ceux qui ont assisté à la cé-

La loi civile ayant mis en principe que le mariage ne seroit pour elle qu'un simple contrat, ne peut refuser de le méconnoître, là où paroît le consentement des parties, base unique et essentielle de tous les contrats.

Je ne prétends assurément pas lui contester le droit d'établir des règles de police, pour constater ce consentement, en assurer la liberté, etc. elles sont indispensables; mais jamais leur inobservation ne peut entraîner la nullité d'un mariage d'ailleurs légitime.

Sous tous les rapports possibles, il faut bien se garder d'exiger pour le mariage, des formalités minutieuses et superflues. Les hommes ont déjà assez d'aversion pour tout ce qui a seulement l'apparence de la gêne, pour qu'on doive éviter de l'augmenter encore.

Dans le doute, et lorque le respect pour les mœurs n'y met pas un obstacle invincible, il faut toujours présumer qu'il y a eu mariage; car la société a intérêt qu'il y ait des mariages plutôt que des unions vagues et passagères; des enfans légitimes plutôt que des bâtards.

Lorsque de deux personnes libres il seroit né des enfans, qu'elles auroient reconnus, la

----

lébration des mariages dans les *temples de la Raison*; plusieurs journaux avoient fait dans le temps des plaintes sur l'indécence qui y régnoit.

7 *

loi devroit présumer qu'il y a eu mariage entre elles. Il en seroit à plus forte raison de même, là où il y auroit un contrat de mariage, sans épousailles publiques ; ou bien là où des personnes auroient vécu comme époux, et auroient passés pour tels dans l'opinion publique.

On est d'autant plus obligé d'en venir là, dans l'état actuel de la législation, que le nombre des mariages, où l'on n'a pas observé les formes extérieures imaginées par les nouveaux législateurs est très-grand, et que d'ailleurs les priviléges qu'à le mariage, sur une union libre, ne sont pas bien importans.

En effet, des personnes non mariées qui ont des enfans, peuvent, par une simple reconnoissance, leur assurer tous les droits des enfans légitimes.

Il n'a pas encore été décidé si l'existence des enfans naturels reconnus a, comme celle des enfans légitimes, l'effet de restreindre la faculté de tester, accordée par la loi du 4 germinal an 8; mais du moins cette loi donne-t-elle aux personnes, vivant dans une union libre, les moyens de se faire des avantages, équi-valens à-peu-près à ceux qui sont permis entre des époux, ayant sur-tout des enfans.

Rien n'encourage donc à préférer le joug

pénible du mariage, aux attraits séduisans d'une union libre et passagère.

Mais si l'on ne doit pas dégoûter du mariage, en l'entourant de formes épineuses, il faut se garder sur-tout de permettre au ministère public d'aller le troubler, lorsqu'il est contracté, sous prétexte qu'il n'a pas été précédé de la publication des bancs, ou d'autres formes de cette espèce.

On ne s'est déjà que trop écarté de la sagesse de l'ancienne législation, qui ne permettoit pas à la partie publique de poursuivre les délits privés, lorsque celui qui en avoit été lésé, déclaroit être satisfait. L'inquisition que le code des délits et des peines et d'autres lois subséquentes ont introduite à ce sujet, n'est déjà que trop fatigante pour les citoyens : n'allons pas étendre son domaine jusques à lui permettre d'alarmer des ménages paisibles, sous des prétextes puérils ; évitons à notre législation, l'étrange inconséquence d'autoriser le ministère public à inquiéter des unions légitimes, tandis qu'il est obligé de respecter les plus scandaleuses, telles par exemple, que celle d'un père avec sa fille, lorsque l'on n'a pas eu l'effronterie d'en demander acte à l'officier public.

Les principes que je viens d'indiquer, sont tirés des règles que l'on suivoit à Rome, vers

les derniers temps de la République et sous
les empereurs. Le mariage, comme p ar-tout
ailleurs, y étoit d'abord consacré par des cérémonies religieuses ; l'usage s'en perdit peu-à-
peu par la corruption des mœurs, par la cherté
des sacrifices qu'il falloit faire en ces occasions,
par le désir de se ménager des moyens plus
faciles de dissoudre le mariage. Ces cérémonies ne s'observèrent guères plus que dans les
mariages des prêtres.

On établit pour les autres citoyens une
vente et un achat fictifs entre les époux. Le
goût toujours croissant de la licence, fit trouver encore cette forme gênante ; on prit le
parti de se marier par prescription. Lorsqu'une
femme avoit vécu avec un homme sans dis-
continuation, pendant un an, elle étoit cen-
sée son épouse. On prescrivoit une femme
comme un meuble ou un fond de terre. (1)

Cette législation n'étoit sans doute pas la
meilleure possible : mais quand un peuple a
perdu entièrement la trace de ses anciennes
mœurs ; que les désordres publics ont dissous
tous les principes de la sociabilité ; que le vice
n'y trouve plus de frein, ni le scandale de censure ; que tout ce qui peut gêner le moindre

---

(1) *Heinec. Antiq. Rom. ad jurisprud. spect.*, *lib.* 1 ,
tit. 10.

de ses désirs lui est devenu insupportable, les lois impuissantes à réprimer une telle dépravation, doivent nécessairement s'en ressentir.

Tout ce qu'on peut raisonnablement opposer à ce que je viens de dire, c'est que souvent des unions très - légitimes ne seroient point inscrites sur les registres publics, et qu'il en résulteroit beaucoup d'inconvéniens pour les preuves de la filiation et de la parenté.

Cet inconvénient existoit déjà dans l'ancienne jurisprudence, lorsque le mariage n'étoit constaté que par la possession d'état ; mais c'est aux lois de police à y pourvoir, ce qu'on peut faire jusqu'à un certain point. Il ne faut pour cela qu'une volonté juste et prudente du législateur. Quoi qu'il en soit, il n'y a pas d'inconvénient comparable à celui de priver des époux ou des enfans de leur état, à cause de l'omission de quelque formalité arbitraire et étrangère à l'essence du mariage.

En faisant dépendre la validité d'un mariage de son inscription sur les registres publics, on ne fait pas attention qu'il est peu de communes, où il y ait des hommes capables de tenir de pareils registres, et que l'état des citoyens est subordonné à leur impéritie ou à leur incapacité. La plupart des préfets ont trouvé cette partie de l'administration publique dans l'état le plus déplorable.

Si les curés, qui avoient toujours quelque instruction, et que d'ailleurs le désir de conserver leur place rendoient plus exacts à en remplir les devoirs, étoient quelquefois en défaut, dans la manière de tenir leurs registres, doit-on se promettre plus de zèle de la part d'hommes, la plupart ineptes, qui ne connoissent pas plus l'importance des fonctions qui leur sont confiées, que la manière de s'en acquitter? On aura beau établir des peines contre eux; je ne crois pas qu'on se flatte par-là de leur donner l'intelligence que la nature leur a refusée : il en arrivera nécessairement, que personne ne voudra plus se charger d'un emploi qui, ne donnant aucun profit, exposera à des recherches continuelles.

Il faut que je place ici une observation, que beaucoup d'autres sans doute ont faite avant moi; c'est que dans toutes les lois faites depuis la révolution, on semble n'avoir jamais eu en vue que Paris ou les grandes villes, et avoir cru que les campagnes qui composent la grande majorité de la population, devoient avoir les mêmes mœurs, les mêmes usages, les mêmes ressources; qu'elles avoient leurs lycées, leurs théâtres, leurs musées, leurs savans, leurs auteurs, leurs *écrivains publics*, dans des échoppes au coin des rues.

CHAPITRE XIV.

De la dissolution du Mariage et du Divorce.

APRÈS avoir parlé de la manière dont le mariage se contracte, il est tout simple de passer à celle dont il se dissout : il n'y avoit autrefois que la mort qui eût le pouvoir de le rompre, et ce chapitre étoit par conséquent très-court. Mais il est devenu très-long et très-important par l'établissement que la révolution a fait du divorce, et sur-tout par l'extrême licence qu'il lui a accordée ; j'en ai parlé ailleurs assez au long, il est inutile que je me répète ici sur un sujet qui est presque devenu un lieu commun. (1) L'opinion publique est formée là-dessus ; et si elle n'exige pas la proscription totale du divorce, elle veut du moins qu'on y mette le plus d'entraves possibles. (2)

______

(1) *Institut. au droit français*, *pag. 25 et suiv.*

(1) Dans le travail du Tribunal de Cassation, sur le projet du code civil, on trouve l'opinion d'un de ses membres sur le divorce, remplie d'observations très-justes et parfaitement bien rédigés. Il n'est pas d'avis d'admettre des motifs déterminés pour le divorce, dont l'effet seroit, comme il arrive toujours en pareil cas, d'en faire des moyens bannaux ; mais de l'assujettir à tant d'épreuves, et de prendre de telles mesures, qu'en

Une trop grande facilité pour le divorce, trompe tout-à-la-fois le but de la nature et de l'ordre social. Que de passions ne fait-elle pas naître ou ne nourrit-elle pas ! que d'intrigues, que d'immoralités, que de séductions, que de forfaits même elle favorise ! combien elle augmente le nombre des infortunés ! avec une telle facilité, le mariage n'est plus qu'un piége pour les personnes qui conservent quelque reste de décence et de moralité. Il vaudroit bien mieux que la loi n'établît que des unions libres ou révocables à volonté, plutôt que de les autoriser de fait, et les décorer du nom de mariage, qui annonce la perpétuité. Chacun sauroit au moins alors à quoi il s'engage, et l'on ne pourroit plus tromper personne par des promesses fictives.

La dépravation des mœurs qui d'un côté empire les effets du divorce, le rend de l'autre d'une absolue nécessité. Au milieu de tous ces écueils, le législateur déconcerté, ne sait quel parti il doit prendre ; et c'est alors qu'on

---

combattant une passion par l'autre, on vînt à bout de rendre le divorce très-rare, comme il doit être, et d'en faire, pour ainsi dire, une ressource désespérée. Les moyens qu'il propose pour cela paroissent très-sages. Cette opinion, séduisante autant par la manière dont elle est présentée, que par le fond des choses, mérite d'être prise en grande considération.

aperçoit combien étoient justes et profondes les vues de ceux qui ont voulu persuader qu'avec des lois écrites, qui ne règlent que quelques actions extérieures, on pouvoit braver l'expérience de tous les siècles, et se passer des moyens bien plus actifs, par lesquels tous les législateurs, sans distinction, ont cherché à refréner les passions des hommes et à diriger leur volonté et leurs affections.

***

CHAPITRE XV.

Des autres moyens dont s'acquiert la puissance paternelle.

J'ai dit qu'outre le mariage, qui est le premier et le principal moyen d'acquérir la puissance paternelle, il y en avoit encore deux autres, la légitimation et l'adoption.

Les observations que j'ai faites sur la législation actuelle du mariage, rendent inutiles tout ce que je pourrois ajouter sur la légitimation des enfans naturels. La différence qu'il y a entre eux et les enfans légitimes, est extrêmement légère ; elle est la même que celle que nous avons vu exister entre le mariage et une conjonction passagère. La réforme des lois, sur ces matières, tient aux mêmes principes.

Quant à l'adoption, l'amour de l'innovation, qui caractérisa les premières institutions de la révolution, en fit établir les principes avec une espèce de transport. L'enthousiasme s'est refroidi avec le temps ; on paroît dégoûté aujourd'hui de cette nouveauté, comme de tant d'autres. L'expérience n'a pas assez éclairé sur les inconvéniens ou les avantages de l'adoption, pour juger sainement de l'utilité que nous pourrions en retirer. S'agissant d'une chose absolument neuve dans notre législation, il faudroit bien des tâtonnemens avant d'arriver aux vrais moyens de les lier ensemble.

Il paroît d'autant plus inutile de tenter cette expérience, que les lois sur les testamens, donnent aux célibataires ou aux époux qui n'ont pas d'enfans, les moyens d'avantager ceux des autres qu'ils jugeront à propos de s'attacher d'une manière spéciale. Ce genre d'adoption qui, n'étant soumis à aucune gêne, peut être révoqué à volonté, mérite assurément la préférence dans les mœurs actuelles.

Après avoir fixé la manière dont s'acquiert la puissance paternelle, on doit régler celle dont on la perd par la mort civile ou naturelle, ou par l'émancipation.

CHAPITRE XVI.

*Moyens de suppléer à la puissance paternelle.
De la tutelle et de la curatelle.*

La puissance paternelle est si évidemment nécessaire pendant la minorité des enfans, qu'il a bien fallu, dans les cas où elle vient à manquer par la mort naturelle du père ou par un autre accident quelconque, la remplacer par une autorité équivalente : de-là la tutelle et la curatelle, dont il est tant question dans nos lois.

Ce ne sont pas seulement les mineurs qui ont besoin de l'assistance d'autrui pour la direction de leurs personnes ou de leurs affaires : l'imbécillité, la folie, et autres accidens pareils qui ramènent les hommes à un état pire que l'enfance, exigent, pour qu'ils soient en égalité avec les autres, qu'on leur donne des tuteurs pour avoir soin et de leurs personnes et de leurs biens.

Les lois romaines alloient plus loin encore; lorsqu'il se trouvoit un homme qui dissipoit son bien par de folles dépenses, la loi le mettoit au rang des insensés, en lui en ôtant l'administration. Cette disposition remontoit au-delà de la loi des XII tables; Solon notoit même les dissipateurs d'une perpétuelle infamie. Je vais rapporter ici la formule par laquelle le préteur prononçoit à Rome cette interdiction. *Puisque tu dissipe par ton inconduite les biens que tu as reçus de tes ancêtres, et que tu reduis tes enfans à l'indigence, je t'en interdis l'administration* (1). Un conseil de famille s'assembloit en conséquence, pour donner un curateur au prodigue : on retrouve bien là cette moralité que nous avons reconnue si souvent dans les lois romaines.

L'ancienne législation française avoit consacré l'interdiction pour cause de prodigalité ; les exemples en étoient très-fréquens. Depuis la révolution les principes ont été très-chancelans sur ce sujet ; il paroît même qu'on a entièrement renoncé à cette espèce d'interdiction, et que comme on exige les plus grands ménagemens pour la liberté des fous, on veut respecter en entier celle des prodigues.

L'Angleterre fournit déjà l'exemple d'une telle indulgence. Voici ce que dit là-dessus Blacstone : « C'étoit sans doute un excellent » moyen de rendre service à un individu et de » conserver les biens d'une famille, que la pra- » tique de l'interdiction pour cause de prodiga- » lité ; mais elle se concilie difficilement avec le » génie d'une nation libre, qui veut pouvoir dis- » poser à son gré de sa propriété. *Use du tien*

____

(1) *Paul. Recept. Senteut.* 111. 4. 7.

» *de manière que tu ne fasse pas tort à celui*
» *d'autrui ;* voilà toute la restriction qu'exigent
» nos lois économiques. La circulation et la trans-
» mission fréquente des fonds de terre et des
» autres propriétés, ne peuvent avoir lieu que
» par l'effet d'une extravagance quelconque ;
» et ce sont cependant là les moyens peut-être
» les plus capables d'entretenir la force et la vi-
» gueur de notre constitution (1) ».

De telles maximes sont très-convenables à
un peuple de marchands, qui veut trafiquer
jusques des folies des hommes. Les Romains,
qui avoient de la liberté des idées au moins aussi
saines que celles des Anglais, mais pour qui
des spéculations mercantiles furent toujours
odieuses, ne s'en permirent jamais de semblables; ils pensèrent au contraire, et avec raison, que c'étoit travailler efficacement pour la
morale publique, que d'entretenir autant qu'il
est possible la stabilité des fortunes, et par elle
l'aisance et la paix des familles.

Cet esprit d'agiotage, que la cupidité réveil-
lée par tant de moyens a si fort propagé depuis
la révolution sur-tout, devoit nous éloigner des
principes de la moralité romaine. Après s'être
si long-temps exercé sur la fortune publique, il
lui restoit un dernier aliment dans celle des particuliers ; on va le lui livrer.

______

(1) *Commentar. on the laws of engl.* Tom. 1, p. 305.

Les règles qui doivent diriger l'autorité et l'administration des tuteurs et des curateurs, se trouvent détaillées avec beaucoup de sagesse dans les lois romaines, où les jurisconsultes de tous les pays ont puisé ce qu'ils ont dit à ce sujet.

La subordination que les lois ont cru nécessaire d'établir dans les familles, a produit, outre la puissance paternelle, celle que le mari exerce sur les biens et sur la personne de sa femme. Nos lois ne sont pas par-tout uniformes sur ce point; mais il n'y auroit pas beaucoup à faire pour les rendre telles.

Il n'en seroit pas de même de celles qui règlent les conventions matrimoniales : la plus extrême opposition règne à ce sujet entre le pays coutumier et le pays de droit écrit. La communauté de bien, usitée dans le premier, a été jusqu'à présent inconnue dans l'autre : on propose de l'y introduire.

Cependant si l'on doit mettre de la circonspection dans le changement des lois, c'est surtout pour celles qui sont d'une pratique journalière, et qui affectent toutes les classes de la société. L'usage continuel que l'on en fait, les a en quelque sorte incorporées avec les mœurs; et les habitudes domestiques se sont formées d'après leurs dispositions. Changez-les subitement, les idées comme les choses vont être brouillées :

il

il y aura un bouleversement général dans les familles. L'imagination s'effraie et les cœurs sensibles s'affectent, en songeant aux difficultés innombrables qui seroient la suite d'une telle innovation. Que de temps ne faudroit-il pas pour que des lois absolument nouvelles, pussent se naturaliser dans un climat, où rien n'en auroit préparé l'adoption, et où au contraire l'habitude, l'opinion, tout en contrarieroit l'exécution? On ne sauroit plus où trouver les règles pour décider les contestations continuelles qu'elles feroient naître. Les héritages les plus opulens seroient dévorés, avant d'en voir le terme.

CHAPITRE XVII.

Des choses.

Nous voici arrivés à la seconde des grandes divisions du droit, c'est-à-dire aux choses. La signification de ce mot est extrêmement étendue; car elle comprend en quelque sorte tout ce qui existe dans la nature.

On ne considère les choses en jurisprudence, que sous le rapport des avantages que les hommes peuvent en retirer, en se les appropriant. Ce n'est même que lorsqu'elles sont tombées dans la propriété de quelqu'un, qu'on a droit de leur donner le nom de *biens*, parce que ce n'est qu'alors qu'on en jouit véritablement.

L'or dans la mine ou enfoui dans la terre à l'insu de tout le monde, n'est qu'une *chose*; mais il est un *bien* dans une bourse ou dans un coffre fort. Le bien même de quelqu'un n'est qu'une *chose*, pour celui qui n'y a aucun droit.

C'est donc bien mal à propos qu'on veut proscrire le mot *chose*, du dictionnaire de la jurisprudence, pour n'y laisser que celui de bien. Les rapports qu'ils expriment sont totalement différens, et les nuances qui distinguent le sens de ces deux expressions, n'avoient point échappé aux Jurisconsultes Romains, comme on le voit par une loi du digeste (1). Le mot *chose* a d'ailleurs pour lui une possession de plus de deux mille ans. C'est un titre bien imposant; il y auroit d'autant plus d'inconvénient à ne pas le respecter, qu'on ne sauroit plus comment dire, quand on voudroit se plaindre de quelque *chose* d'injuste.

Les choses sont d'ailleurs le grand magasin d'où sortent tous les biens; pourquoi vouloir l'anéantir?

Ceux qui connoissent les premiers élémens de la jurisprudence, n'ignorent point que les

______

(1) *Leg.* 5, *digest. de verb. signif.*

choses se divisent en communes publiques et privées. Il seroit à-peu-près inutile d'examiner ici comment les choses, de communes qu'elles ont dû être d'abord, sont tombées dans la propriété privée et sont devenues des biens. Cela ne serviroit qu'à accroître le nombre des romans, que l'on a faits sur ce sujet.

Les philosophes anciens paroissent avoir mieux vu là-dessus que les modernes. « Suivant » quelques-uns d'entre eux, c'est l'ancienne occu- » pation d'une chose qui n'appartenoit à per- » sonne, ou le droit de conquête, ou une loi, un » contrat, un partage, ou enfin le hasard, qui ont » établi les premières propriétés : on eut alors à » soi une partie de ce qui étoit d'abord en com- » mun. Chacun a droit de garder la portion qui » lui est avenue, autrement le fondement de la » société humaine est détruit : car de même que » dans un lieu public, les places appartiennent » à ceux qui les ont prises ; de même dans une » cité commune, les propriétés privées n'ont rien » de contraire au droit. Il ne reste de commun » parmi les hommes, que ce que la nature a fait » pour l'usage de tous, et que l'on peut commu- » niquer même à des inconnus, sans en éprouver » un dommage personnel. Lycurgue, et princi- » palement Platon, voulurent établir une telle » communauté de biens, que personne ne pût » dire avoir quelque chose en propre ; mais ce

» systéme ne peut se concilier avec celui de la
» société humaine, dont la propriété est l'ob—
» jet et le fondement. Car, quoique la nature
» portât les hommes à se réunir entre eux , ce fut
» sur-tout dans l'espoir de garder plus surement
» ce qu'ils avoient, qu'ils formèrent des répu-
» bliques et bâtirent des villes. On ne sauroit
» donc imaginer rien de plus funeste pour elles ,
» que de vouloir y égaliser les fortunes (1) ».

La conservation des propriétés a été tout à-la-
fois le but et la conséquence de la formation de
l'ordre social. La loi romaine place avec raison
la distinction des propriétés, au même rang que
les obligations, les contrats , etc. Ces choses-là
se tiennent entre elles , et dérivent , suivant la
même loi, du droit des gens, qui dans son langage
n'est autre chose que le droit naturel.

Il n'y eut de vraie propriété que lorsque l'empire de la loi eut été substitué à celui de la
force.

La possession ou la détention d'une chose
appuyée par la force, étoit dans le principe le
seul titre de propriété qu'on pût invoquer. Mais

---

(1) *Cicer. de Offic.*, I, 7, 16, 21 ; *de Finib.*, 111,
20 ; *Fragm. reip.* lib. IV , Nonius *proprium*. J'ai rap-
porté ces morceaux de suite, tels que je les ai réunis et
traduits , dans le 4.ᵉ livre de la République de Cicéron.
Il avoit puisé tous ces principes chez les plus fameux
Philosophes de la Grèce.

ce que la force avoit donné, une force supérieure pouvoit le reprendre ; on perdoit alors la
propriété avec la possession.

Mais lorsque la loi eut établi la manière d'acquérir, de transmettre ou de perdre la propriété,
il ne suffit plus, pour en être dépouillé, d'en avoir
perdu la possession par l'effet de la violence ; la
possession manquant, il restoit toujours la propriété résultante de la volonté de la loi.

Il ne peut donc y avoir de possession valable
que celle qu'elle avoue ; et cette possession,
protégée par la loi, est celle qui porte le nom
de *propriété*.

La loi, en réglant la manière d'acquérir, de
transmettre la propriété, ne s'est pas dirigée
par des principes arbitraires ; mais bien d'après
la nature de l'homme, celle de la société et des
relations mutuelles qui l'entretiennent.

On attente à la propriété toutes les fois qu'on
viole l'ordre établi par la loi ; et cette violation
existeroit, quand même on donneroit le nom de
loi à l'acte, par lequel on s'en rendroit coupable.

La loi conserve et ne spolie pas. Ce sont deux
opérations opposées, et la loi ne sauroit permettre la dernière sans contrarier son propre
objet. La spoliation n'est jamais que l'ouvrage
de la force, l'ennemie et l'antagoniste perpétuelle de la loi, qui, comme le mauvais principe,

cherche sans cesse à détruire ou à troubler ce qu'elle a fait.

Au reste, il est inutile d'insister sur l'origine de la propriété, dans un ouvrage qui traite des lois civiles; car toutes les choses susceptibles de propriété, et dont les hommes peuvent tirer quelque avantage, sont aujourd'hui au pouvoir de quelqu'un: il n'y en a qu'un bien petit nombre qui ait échappé à cette invasion générale. *L'occupation*, qui, comme nous avons vu plus haut, fut un des moyens primitifs d'acquérir la propriété de ce qui n'appartenoit encore à personne, trouve rarement à s'exercer. Les livres du droit romain font l'énumération des cas où elle peut encore avoir lieu; ils sont rares et de peu d'importance (1). Il n'existe donc plus, dans l'état actuel des choses, d'acquisition proprement dite de propriété; les hommes ne font plus que se la transmettre mutuellement. Cette transmission se fait, ou pendant la vie par des contrats, ou à l'époque de la mort, en vertu des lois établies pour les successions.

L'ordre naturel des matières indique qu'il

____

(1) Ce sont ceux de la chasse, de la pêche, des choses trouvées, etc. Voyez le Digeste, au titre *de acquirend. rer. domin.* L'occupation est dans ces cas, et autres pareils, le seul titre de propriété; on ne sauroit donc la retrancher de la jurisprudence, sans y laisser une lacune.

faut s'occuper d'abord de la première espèce de transmission ; et qu'on ne doit traiter de la seconde que lorsque la première est entièrement épuisée.

Avant d'aller plus avant, il est essentiel de rappeler une autre division des choses, qui est celle des meubles et des immeubles. Cette division est à la portée de tous ; il n'y a personne qui ne sente que les meubles sont les choses qui peuvent se transporter d'un lieu à un autre; les immeubles, ce qu'on ne peut changer de place comme un fond de terre, une maison, et tout ce qui y est adhérent. Il y a des meubles qui peuvent être regardés comme des dépendances nécessaires d'une immeuble ; ils ne deviennent pas pour cela immeubles. La destination qu'on fait d'une chose, ne sauroit en changer la nature.

CHAPITRE XVIII.

Des conventions et des contrats.

La loi, en faisant une distribution générale des propriétés et en en garantissant la conservation, n'a pu prévoir tous les besoins des hommes, ni déterminer les diverses manières d'y pourvoir : elle s'est reposée de ce soin sur leur prévoyance ;

elle leur a seulement facilité les moyens de le remplir , en protégeant les conventions qu'ils feroient entre eux.

Les choses, soient meubles, soient immeubles, forment la matière de ces conventions. Ceux à qui la propriété en appartient, ont le droit d'en disposer comme ils le trouvent bon. La loi leur accorde là-dessus la liberté la plus illimitée.

D'anciens législateurs , dans la vue de donner une espèce de stabilité aux fortunes et de perpétuer dans chaque famille les portions d'immeubles, que des partages primitifs y avoient apportées, en prohibèrent l'aliénation ou en ordonnèrent le retour, à une époque déterminée. Tel fut l'esprit des lois Mosaïques, des plus anciennes lois romaines, des lois coutumières de France et d'Angleterre. Ces prohibitions furent respectées tant que les immeubles formèrent la seule classe de richesses connues ; il falloit nécessairement que chaque famille en eût une portion pour subsister ; mais la sollicitude du législateur à ce sujet dut se calmer, lorsque le développement de l'industrie fit naître les richesses mobiliaires. Il n'étoit plus possible d'y donner la même stabilité qu'aux autres ; aussi la liberté d'en disposer fut-elle très-grande, quand la transmission des immeubles étoit encore assujettie à beaucoup de gêne.

Insensiblement cette différence s'est effacée ;

et les immeubles, comme les meubles, sont devenus un des objets du commerce des hommes et des échanges qu'ils font entre eux; les uns pour se procurer ce qui leur manque, et les autres pour se débarrasser de leur superflu.

C'est ici que s'agrandit le domaine de la jurisprudence, que l'océan de la législation civile se déploie dans toute son étendue, et que les ressources et les merveilles de l'industrie humaine se développent dans toute leur magnificence.

Ce ne fut pas sans doute une légère entreprise que celle de classer toutes les conventions des hommes, c'est-à-dire, tous les mouvemens de leur volonté, les caprices ou les projets de leur imagination; les actes de leur libéralité et de leur bienfaisance, comme les spéculations de leur industrie ou de leur avarice; de fixer ensuite les règles qui devoient les diriger dans cet exercice plein et entier de leur liberté, et prévenir tout ce qui tendroit à troubler ou à rompre l'harmonie de leurs accords.

C'est ce qu'exécutèrent cependant les Jurisconsultes Romains. Ce qu'ils ont écrit sur les contrats et les obligations, est tout à-la-fois la production la plus utile et la plus admirable de l'esprit humain. On a vanté, avec raison, les travaux de ceux qui ont su observer et découvrir les lois auxquelles sont assujettis l'ordre et la marche des corps physiques ; mais combien sont plus dignes de louanges et d'admiration, ceux qui ont eu l'art de pénétrer jusques dans les dernières sinuosités du cœur des hommes, et de découvrir les règles et les principes d'après lesquels leur volonté se meut et agit.

Dans toutes leurs conventions les hommes n'ont en vue qu'un échange mutuel de jouissances. Tout est échange, même lorsqu'on traite pour l'industrie ou le travail quelconque d'un homme ; car en récompense et en compensation du salaire qu'on lui promet, il s'engage de son côté à fournir des productions de son industrie, ou à employer son travail pour l'utilité de celui avec qui il traite.

Tel est le premier point de vue sous lequel se présente la transmission de la propriété par les échanges, ou l'aliénation réciproque que l'on en fait. Le but de cette aliénation est une augmentation de jouissances pour les parties qui la font ; l'engagement de l'une est le fondement de celui de l'autre. C'est la cause essentielle et première de tous les échanges ; il n'y a pas plus de contrats que d'effets sans cause : toute aliénation doit en effet emporter un avantage ; elle ne se feroit pas, si ce n'étoit en considération d'un certain bien ; ce seroit autrement un acte de démence ; car on ne conçoit pas qu'un propriétaire consente à se désister, sans aucun motif, de sa propriété en faveur d'un autre. Qui dit motif, dit plaisir ou l'équivalent. Plaisir d'amitié ou de bienveillance, s'il donne la chose pour rien ; plaisir d'acquisition, s'il l'échange pour une autre chose.

Dans les échanges ou les contrats, il se fait deux aliénations qui ont chacune des avantages séparés ; et cet avantage pour les contractans, est la différence entre la valeur qu'avoit pour lui la chose qu'il abandonne, et la valeur de la chose qu'il acquiert. A chaque transaction de cette espèce, il y a deux masses de jouissances nouvelles ; et tels sont les avantages du commerce.

Le contrat règle la nature, l'étendue et les conditions de l'échange ; les obligations sont les engagemens que chacune des parties est tenue de remplir en conséquence du contrat.

C'est leur consentement à souscrire ces engagemens qui forme l'essence du contrat; ce consentement doit être libre et éclairé.

Celui à qui il seroit arraché par la force ou surpris par la fraude, n'auroit aucune jouissance à s'en promettre ; il en éprouveroit bien plutôt des privations. Il en seroit à-peu-près de même si son consentement n'étoit pas éclairé, c'est-à-dire, s'il n'avoit pas la capacité ou l'intelligence nécessaire, pour discerner les jouissances véritables, de celles qui ne sont qu'illusoires.

Les parties n'étant censées ne donner une chose en échange qu'à la charge de retour d'une chose égale en valeur, il s'ensuit que l'égalité des mises est une autre base essentielle des contrats.

Il résulte de tout cela que pour la validité d'un contrat, il n'est pas toujours nécessaire d'échanger une valeur matérielle contre une autre valeur de même espèce. Dès que c'est une jouissance nouvelle ou une satisfaction intérieure qu'on cherche à se procurer par la voie de l'échange, on peut remplir son but en aliénant ou en donnant une chose, pour le seul plaisir de faire un acte de bienfaisance. C'est une jouissance qui en vaut bien une autre; il en sera encore question ailleurs. Prouvons à présent que c'est précisément ce contentement intérieur que l'on éprouve d'un échange, qui est le principe de l'obligation qu'on y contracte.

CHAPITRE XIX.

Observations importantes sur la nature et le fondement des obligations.

Quoique tous ceux qui ont écrit sur les principes de la morale et du droit aient cherché à connoître le vrai fondement des obligations, personne, que je sache, n'a réussi à le déterminer d'une manière bien positive. Sans avoir la témérité de vouloir trouver ce qui semble avoir échappé à tant de puissans génies, il me semble que le fondement des obligations même morales, consiste dans la jouissance qu'éprouve de leur accomplissement, celui à qui elles sont imposées.

Les ordres d'une autorité supérieure ne sont vraiment obligatoires pour ceux à qui on les adresse, qu'autant qu'ils trouvent du contentement ou de l'avantage dans leur exécution. Le mot récompense, dont se sert pour exprimer la marque de *satisfaction* donnée à l'obéissance, indique assez que cette satisfaction a été réglée d'une manière proportionnée à l'action dont elle est le prix. Ces récompenses ne consistent pas uniquement en des jouissances corporelles ou animales, qui ne sont l'objet que des appétits des hommes vils et corrompus. Il en est de plus grandes et de plus dignes des ames nobles et élevées, et dont elles seules peuvent savourer les délices. Pour les porter à la pratique de la vertu, et les enflammer de l'amour de la justice et de l'humanité, gardez-vous de leur proposer des récompenses pécuniaires ou sensuelles. Quelles richesses, quelles volupté offrirez-vous à ceux qui regardent tout cela comme des biens fragiles et périssables, ou des plaisirs bas et honteux? Ces grandes vertus se croiroient ravalées, en étant mises en balance avec de telles récompenses. Parlez-leur plutôt de la gloire qui les attend; du renom qui, du temps présent, s'étendra jusqu'à la postérité la plus reculée; de l'affection et de l'estime générales des hommes; du bonheur qui, dans une vie plus durable, les dédommagera de l'ingratitude de leurs contemporains. Il faut bien que ce soient là les vrais moyens de remuer les hommes, de dégager leurs ames de tout alliage terrestre, et de leur donner le plus haut degré d'élévation et d'énergie dont elles sont capables, puisque c'est par eux qu'on est parvenu à leur arracher des sacrifices, ou à les porter à des actions, qu'on n'auroit certainement pas obtenues par d'autres voies. Une statue, un tableau placé dans un lieu public, une couronne de chêne, furent, dans les plus beaux jours d'Athènes et de Rome, les récompenses les plus recherchées. On n'en accordoit pas d'autre aux faits comme aux vertus les plus héroïques.

L'époque la plus glorieuse, comme la plus fortunée pour les peuples, fut celle où de telles jouissances étoient vivement senties. Leur avilissement et leur corruption ont commencé, lorsque l'impression s'en est affoiblie.

C'est donc une alternative de commandemens

et de récompenses, qui lie toutes les puissances qui gouvernent le monde à ceux qui leur sont subordonnés; c'est elle qui unit Dieu aux hommes, le magistrat souverain aux citoyens, le père à ses enfans; c'est enfin un échange de jouissances qui forme les nœuds de l'amitié et tous ceux qui rapprochent les hommes entre eux. Ils ne se devroient en effet rien mutuellement, s'ils ne trouvoient quelque jouissance dans leurs communications réciproques.

Dieu même ne pourroit exiger l'obéissance à ses commandemens, si, à l'exercice des vertus qu'il ordonne, il n'avoit attaché le contentement intérieur de l'ame, la paix du cœur, souvent la santé du corps, la longue vie et enfin des récompenses éternelles. Cette idée approfondie fourniroit peut-être un argument assez fort en faveur de l'immortalité de l'ame.

Dans l'ordre social l'autorité suprême n'est légitime, et ses ordres ne sont obligatoires, qu'autant qu'ils tendent au bonheur et à la conservation de ceux qui le composent. Cette autorité est illégale par cela seul qu'elle est oppressive, et qu'au lieu des jouissances qu'on est en droit d'en attendre, on en éprouve que des privations.

De-là on aperçoit les limites qui séparent la morale d'avec les lois civiles. La morale a pour objet les vertus et les devoirs qui résultent de

la nature de l'homme et des souverains commandemens , de celui qui lui a donné l'être.

Mais l'exercice de ces vertus dépend principalement des habitudes que l'ame a contractées
et du goût qu'elle a conservé , pour les récompenses en quelque sorte surnaturelles qui y sont
attachées ; ce goût se perd à mesure que les habitudes , dont il étoit l'effet, se corrompent. Il
n'y a bientôt plus d'affections expansives , elles
se concentrent en elles mêmes. L'égoïsme le
plus méprisable prend la place de cet amour ardent pour le bonheur de son pays et de ses semblables. Non-seulement on ne fait plus rien pour
contribuer à leur prospérité ; mais on est prêt
à les sacrifier s'il le faut, à l'intérêt personnel.

Les récompenses, ni les peines de la morale,
ne sont plus d'aucune valeur ; elles deviennent
même un objet d'indifférence, pour ne pas dire
de mépris.

Il ne reste plus alors d'autre appui à la société,
que celui des lois civiles ; mais elles n'étendent
plus leur empire jusques dans l'intérieur de la
conscience humaine, domaine exclusif de la morale ; elles ne peuvent pas exiger les vertus que
celle-ci commande, puisqu'elles n'ont à leur disposition, ni la gloire, ni l'estime des hommes,
ni aucune des récompenses qui les font naître
et qui les entretiennent, et dont la morale seule
a le pouvoir de disposer.

En

En vain les lois civiles voudroient-elles s'ar—
roger ce pouvoir ; les méprises continuelles où
elles tomberoient inévitablement , suffiroient
pour les décréditer. Car ces lois , n'exerçant
leur empire que sur les actions extérieures, se
tromperoient sans cesse sur leurs motifs : la
plupart du temps elles prendroient le masque
des vertus pour leur réalité.

Les lois civiles sont donc forcées de se borner
à protéger les engagemens positifs que les
hommes contractent , et qu'on est dans
la nécessité de faire exécuter , parce qu'étant
les moyens de communication des hommes en—
tre eux, ils forment, à défaut des devoirs de la
morale , le principal lien de la société.

Mais le fondement de ces obligations est ,
comme nous l'avons dit, l'égalité des avantages
qu'en retirent ceux qui les contractent : images
en cela des obligations morales qui portent sur
une base semblable , mais d'une nature plus so—
lide et plus relevée.

———

CHAPITRE XX.

De l'ordre dans lequel les contrats doivent être classés.

ON va voir comment ce que je viens de dire, quelque étranger qu'il paroisse d'abord à la jurisprudence, y trouve son application. Le rapport qu'il y a entre la morale et le droit, indique dans quel ordre on doit classer les contrats, qui résultent des engagemens des hommes. Dès que la loi civile est l'autorité subsidiaire à celle de la morale, il s'ensuit que l'on doit mettre en première ligne les contrats qui sont l'effet immédiat de l'influence des vertus morales, et dont le retour n'est que dans des jouissances intérieures, les seules qu'elles procurent. Tels sont, par exemple, les contrats que les jurisconsultes, et entre autres Pothier, appellent contrats de bienfaisance, et où des choses que l'on donne, ou des peines que l'on prend pour l'avantage de quelqu'un, on se contente d'un retour de reconnoissance et de gratitude de sa part. C'est pour cette raison que dans mon institution au droit français, j'ai mis à la tête de ces contrats, la donation, qu'on regarde communément comme une simple libéralité, qui n'engage à rien celui qui la reçoit. C'est tellement un contrat obligatoire, que le donataire est tenu à la gratitude envers le donateur, qui s'est contenté de cette espèce de récompense. Mais on voit ici la différence de la morale et de la loi civile; c'est que l'une exige que cette gratitude soit réelle et existante dans le fond de l'ame, et que l'autre est obligée de se contenter des témoignages extérieurs; et il faut qu'il y ait, de la part du donataire, une infraction bien marquée à son obligation de reconnoissance, pour qu'elle prononce la nullité de la donation, en restituant au donateur l'objet de sa libéralité.

On doit mettre encore, comme je l'ai fait, au rang des contrats de bienfaisance, tous les prêts gratuits, les diverses espèces de mandat, le dépôt, enfin tous les contrats où l'un des contractans ne retire d'autre avantage que celui d'exercer un acte de bienfaisance, et d'être utile à quelqu'un. La plupart de ces contrats ne sont en effet que des donations modifiées; les prêts, par exemple, sont des donations temporaires.

Après les contrats, où l'on donne ou bien où l'on fait une chose en retour d'une jouissance morale, on doit passer à ceux où l'on échange une chose contre une autre chose, comme dans l'échange proprement dit, la vente, les cessions, transports, subrogations, les divers genres de baux et de louage, et dans les sociétés de toute espèce.

9 *

Les obligations varient comme les volontés ; au lieu de se dépouiller en entier de sa propriété, on en fait souvent qu'une aliénation partielle comme quand on impose une rente, une ser-vitude, un droit d'usufruit, d'habitation sur un fond de terre ou une maison.

Dans tous ces contrats, le consentement de ceux qui les font se donne d'une manière ex-presse et positive. Ils doivent donc former la pre-mière classe, être les premiers en ordre ; mais nous avons vu que quelquefois ce consentement n'est que tacite et présumé, et le résultat de cer-taines actions, dont il est une conséquence na-turelle et inévitable. Les contrats qui se font de cette manière, doivent venir de suite après les autres ; mais comme leur existence n'est qu'une conséquence qu'on tire d'un fait préalable, et qu'elle n'est établie que sur des présomptions, on doit d'abord expliquer quelle est la nature et l'ef-fet de ces présomptions. Personne ne l'a fait avec plus de raison et de justesse que Domat. On voit de-là comment l'usucapion et la prescription, qui ne sont fondées que sur des présomptions, deviennent des titres de propriété.

Les contrats dont nous avons parlés jusqu'à présent, existent en quelque sorte par eux-mêmes, et indépendamment de tout contrat précédent. Il en est d'autres qui ne sont qu'une dépendance ou une suite d'autres contrats, et qui en forment l'accessoire; ils doivent donc être placés les derniers. Ce sont les cautions, les re-cours, les garantie, le gage ou nantissement, les hypothèques, etc. Cette méthode, comme l'on voit, est fondée sur l'ordre naturel des idées et les premiers principes de la raison et du bon sens.

Je n'ai donné ici qu'une indication des prin-cipaux contrats. Le nombre en est grand; car outre les contrats ordinaires, qui ont lieu parmi le commun des citoyens, il en est qui appar-tiennent à des classes particulières, comme les contrats relatifs au commerce terrestre ou ma-ritime. Quoique leurs règles essentielles soient les mêmes que celles des contrats ordinaires, il en est cependant qui leur sont particulières, attendu les objets sur lesquels ils disposent. On voit de-là que pour traiter ces matières avec l'ordre et la précision qu'elles exigent, il faut, dans un titre préliminaire, rassembler les règles qui sont communes à toutes les espèces d'obli-gations et de contrats. On fait voir ensuite, dans des titres particuliers, les exceptions ou les règles spéciales de quelques-uns d'entre eux. Do-mat a très-bien encore suivi cette méthode. Ainsi le consentement libre et éclairé des par-ties, est de l'essence des contrats de quelque nature qu'ils soient; mais il en est où la capa-cité pour le donner, est plutôt présumée que dans d'autres. Nous avons vu plus haut que le mineur pouvoit se marier à un âge, où il ne lui est pas permis de contracter d'autres engagemens. Les obligations qu'il souscrit pour affaires de commerce, sont aussi valables à un âge, où des obligations ordinaires ne le seroient pas.

C'est dans l'art de discerner toutes ces variétés, qui ont leur source dans la nature même des choses, que se montrent l'importance de la science du droit et l'habileté de ceux qui en font profession.

Après avoir expliqué la manière dont on contracte les obligations et dont on les exécute, il ne reste plus qu'à montrer celle dont elles prennent fin. Les restitutions en entier, les rescisions, le paiement, etc., sont les divers moyens par lesquels s'éteignent les obligations.

Tel est le tableau très-raccourci de l'ordre et de la méthode qu'on pourroit suivre dans le classement des conventions des hommes : grande et superbe matière, de l'invention et de l'arrangement de laquelle, leur raison a peut-être quelque droit de s'enorgueillir.

CHAPITRE XXI.

De la transmission des biens par la voie de la succession.

Il n'a été question, jusqu'à présent, que de la transmission que les hommes se font mutuellement de leurs biens, pendant la durée de la vie, et des règles que la loi a établies pour en légitimer l'usage; mais elle a été obligée d'étendre sa prévoyance plus loin. Les propriétaires disparoissent successivement, mais les propriétés restent. Il n'y auroit donc rien eu de fait, si, après avoir assuré à chacun la portion de propriété qui lui étoit échue, on n'avoit réglé aussi à qui elle passeroit après sa mort. Le droit de premier occupant, et les désordres qui en sont la suite, se seroient renouvelés au décès de chaque propriétaire.

Les lois sur les successions n'ont pas été les mêmes par-tout; mais malgré leur différence, elles n'avoient pas moins des bases immuables dans le droit des gens. Par-tout les parens les plus proches ont été admis à succéder; et ce droit, chez plusieurs peuples, leur étoit accordé comme étant co-propriétaires des biens de la famille dont ils faisoient partie. Il paroît en effet qu'en beaucoup d'endroits le premier partage des propriétés s'est fait par familles et même par tribus, qui n'étoient que des familles plus nombreuses. Tous les membres de la tribu ou de la famille avoient droit pour leur subsistance à une portion de la propriété qui lui étoit échue. Le chef de la famille ou de la tribu étoit le propriétaire ou l'administrateur principal de ses biens. A sa mort la propriété continuoit pour ceux qui y avoient déjà des droits de son vivant; et ce n'étoit qu'à l'extinction de la famille ou de la tribu, que sa propriété venoit se confondre dans celle de l'état ou de la grande famille : il n'y a pas eu, sur ce dernier point, de différence chez les nations civilisées.

Dans le droit romain, où les maximes fondamentales de la civilisation se retrouvent encore dans toute leur pureté, il est dit que la succession des enfans est moins une hérédité qu'une continuation de propriété (1). Or, chez les Romains, les frères et leurs enfans vivoient en commun sous le même toit. De-là on donnoit aux enfans des frères le nom de Germains, qui s'est perpétué jusqu'à nous. La co-propriété s'étendoit donc alors au moins jusqu'aux cousins-germains.

La transmission des biens d'un parent à l'autre

____

(1) *Instit. de hæred. quæ ab inest. defer. parag.* 3; *Leg.* 11. *Dig. de liber. ac posthum. hæred. instit.*

par la voie de la succession est tellement une suite de la civilisation, que lorsque le droit féo-dal entreprit de la changer, en établissant des bénéfices amovibles, dans moins d'un siècle on les vit devenir à vie, et ensuite héréditaires. L'église catholique ne préserva les siens de l'envahissement des familles, qu'en en soumettant les possesseurs au célibat; et encore le droit de résignation y avoit-il introduit une espèce de succession héréditaire.

L'objet des anciennes lois sur les successions qui nous sont les mieux connues, fut de maintenir l'assignation des propriétés faites à chaque famille et à chaque tribu; et c'est là l'esprit de ces coutumes, qui n'admettoient à succéder que les parens par mâles, qui avoient introduit le retrait-lignager, etc. Il est bien singulier que ce soit cet esprit qui ait dicté les lois de Moyse, celles des anciens Romains, et presque toutes nos lois coutumières sur les successions.

Il falloit de telles lois dans les pays où il n'y avoit pas d'autres biens que les propriétés foncières, et presque d'autre profession que celle d'agriculteur. Aussi a-t-on vu l'esprit de ces lois s'affoiblir et des changemens notables s'y introduire, lorsque le développement de l'industrie humaine a ouvert une infinité de sources de richesses inconnues auparavant.

Le droit de transmission par mort a été moins

géné, et presque par-tout chacun a eu au moins le droit de disposer à son gré de ses richesses mobiliaires.

Tous les philosophes anciens et modernes ont été en grand débat entre eux, pour savoir si le droit de tester étoit une suite nécessaire du droit de propriété. C'est faute d'avoir réfléchi sur ce que je viens de dire, qu'on n'a jamais su s'entendre. Certainement lorsque la loi civile avoit cru devoir établir un mode de transmission de biens qu'elle regardoit comme conservateur de la société, il ne devoit pas être permis aux particuliers de l'enfreindre. Le droit de tester a pu donc être légalement interdit. On s'est relâché de cette rigueur, lorsque par la cause que j'ai indiquée ci-dessus, elle est devenue moins nécessaire.

On ne peut disconvenir que le droit de disposer par dernière volonté, ne remonte à la plus haute antiquité. Mais les plus anciens exemples qu'on en trouve, ne sont que de la part de ceux qui, comme les patriarches, n'avoient que des richesses mobiliaires, telles que des troupeaux, etc.

L'exagération dans laquelle ont donné de part et d'autre ceux qui parmi nous ont discuté cette question, est d'autant plus ridicule, qu'ils auroient dû se souvenir, que l'ancienne jurisprudence de la France donnoit en cela l'exemple des deux extrêmes ; et que tandis que dans les pays de droit écrit les propriétaires avoient le droit presque illimité de disposer de leurs biens par testament ; ce droit, dans une infinité de coutumes, étoit très-restreint et même nul. On n'imagina cependant jamais que cette discordance fût un attentat contre la propriété.

Il est cependant un rapport sous lequel le droit de tester peut être considéré comme faisant partie de la propriété, c'est lorsque le propriétaire est dans le cas de retirer un avantage personnel de ce droit. Or, il n'est pas douteux que l'espoir de sa succession peut lui procurer des secours et d'autres avantages au de-là de ses facultés actuelles, qu'il ne trouveroit pas sans cela ; et qu'il paie, suivant l'expression d'un auteur anglois que j'ai rapportée ailleurs, par une assignation sur un temps où il ne sera plus.

Sous les rapports politiques le droit de tester contribue puissamment à maintenir l'ordre et la soumission dans les familles ; elle donne à la puissance paternelle plus de consistance, par le secours d'une prérogative propre à en faire respecter les droits.

Au reste, la loi du 4 germinal an VIII, a déjà établi la faculté de tester sur des bases assez sages. Il reste bien peu à faire pour arriver dans cette matière à la perfection possible.

Après avoir réglé la forme de disposer par dernière volonté, on doit statuer sur tout ce qui peut en être la suite, comme les partages, les rapports aux successions, la contribution aux dettes, etc.

CHAPITRE XXII.

Des actions.

LES actions forment, comme je l'ai dit plus haut, la troisième des grandes divisions du droit. Jusques ici la loi n'est que la combinaison muette et inactive de la sagesse du législateur ; elle est en quelque sorte paralysée et sans force : impuissante par elle-même à protéger les personnes et les propriétés, il faut qu'une force étrangère vienne lui donner la vie et le mouvement ; que des hommes, en un mot, en deviennent l'instrument et l'organe. C'est par leur bouche que les oracles vont passer ; ce sont eux qui seront chargés de faire l'application de ses commandemens.

Mais cet appui étranger, et même inévitable, ne peut-il pas devenir funeste ? Les hommes, destinés à faire exécuter la loi, rempliront-ils toujours scrupuleusement cette importante mission ? Ne substitueront-ils jamais leur volonté à la sienne? Ne feront-ils pas plier quelquefois ses expressions à leurs désirs ? Ne sera-t-elle pas souvent le jouet de leur ignorance, de leur intérêt, de leur passions? La puissance protectrice de l'ordre social, ne deviendra-t-elle pas l'instrument de ses tyrans et de ses oppresseurs ?

La possibilité évidente de tous ces inconvéniens n'a point échappé à la pénétration des législateurs ; et ce n'a pas été un léger embarras pour eux, que de trouver les moyens de les prévenir.

L'ordre et la marche que l'on devoit suivre dans l'exécution de la loi ou dans l'administration de la justice, n'a point été laissé à l'arbitraire de ceux à qui elles ont été confiées. On a établi des formes auxquelles ils seroient soumis, et qui, mettant une espèce d'égalité dans l'attaque et la défense, serviroient de frein à la prévention ou à la partialité.

On a imaginé une certaine hiérarchie dans les tribunaux qu'on a subordonnés entre eux, de façon que l'un venant à se tromper, un autre pût réparer son erreur.

On a sur-tout eu l'attention, et c'étoit là l'essentiel, de n'y placer que des hommes qui eussent la capacité nécessaire pour remplir les fonctions importantes qui leur étoient confiées, et une intégrité assez éprouvée pour ne pas craindre qu'ils en abusassent.

C'est donc dans cette partie d'un code général de droit, qu'on doit exposer l'ordre et la distribution des tribunaux, les épreuves et les qualités que l'on exige de la part de ceux qu'on y admet.

Ensuite on entre dans le détail des formes qu'on est obligé de suivre dans l'exercice des actions et de la marche qu'on doit tenir depuis la demande en justice, jusqu'à l'exécution définitive du jugement qui y intervient. Ce sont là des matières assez connues, pour qu'il soit inutile d'en parler davantage (1).

Il sera plus utile et plus convenable, au dessein que je me propose, de m'étendre un peu plus sur la nature des actions.

Elles ne sont, à proprement parler, que l'exercice du droit que la loi donne, de poursuivre en justice ceux qui nous troublent dans l'usage de nos propriétés, ou qui nous ont causé quelque tort dans nos biens ou dans nos personnes.

Chacun peut, par le droit de nature, repousser les injures qui lui sont faites ; et si les hommes n'avoient jamais mésusé de ce droit, l'institution des lois civiles et l'établissement des tribunaux

―――――――――――――――――

(1) On peut voir, au reste, le 13.ᵉ livre de mon Institution au Droit civil.

eussent été inutiles. Mais des hommes ardens et passionnés étoient aussi incapables de modérer leur défense que leur attaque; ils excédoient continuellement dans l'une et dans l'autre : les moindres prétextes étoient l'occasion des plus grands excès et souvent de l'effusion du sang humain.

Le premier pas vers la civilisation, fut donc, comme nous l'avons vu plus haut, de désarmer les hommes, et de leur persuader de renoncer au droit qu'ils avoient de se faire justice à eux-mêmes, et de les engager à soumettre leurs dif-férens à l'autorité des lois, et aux magistrats chargés d'en faire l'application.

C'étoit là précisément que se trouvoit la grande difficulté. Rien ne répugne plus à des barbares et n'est plus insupportable pour eux, que ces formes lentes et obliques de la procé-dure judiciaire, qui irritent leur violence, en la contrariant. On en vit un exemple sous le règne d'Auguste, lorsque Varus voulut les établir dans cette partie de la Germanie, où il avoit pénétré, et dans ces pays même d'où sortirent ensuite les conquérans de la Gaule.

Ce général s'imagina que pour humaniser les Germains, il n'y avoit pas de moyen plus propre que celui de leur apprendre la chicane romaine. Il siégeoit continuellement sur son tribunal, pour juger les procès qu'on lui portoit. Dans le dessein de lui inspirer une fausse sécurité, les Germains eurent l'air de se prêter à son idée; mais au moment où il y pensoit le moins, une conspiration le fit périr lui et son armée. Il n'y a pas de traitement barbare, que les Germains ne fissent souffrir aux gens de loi qui plaidoient devant le tribunal de Varus. Florus assure qu'après leur avoir coupé la tête, ils en arrachoient la langue, et disoient en la secouant, *vipère, cesse de siffler*.

J'ai dit ailleurs que les Germains qui passèrent dans la Gaule n'avoient pas des mœurs différentes, et qu'ils ne connurent, pendant long-temps, d'autre droit que celui du plus fort.

Pour revenir à notre sujet, les actions se divisent d'abord en deux branches importantes, les actions civiles et les actions criminelles. Chacune d'elles se sous-divise ensuite en plusieurs espèces d'actions, qu'on peut voir dans tous les livres de droit.

Chez les Romains il y avoit une action différente pour chaque demande particulière ; il falloit, à peine de nullité, employer la formule établie pour cette action. Cela s'observe encore très-rigoureusement dans les tribunaux d'Angleterre; et ce fait seul suffiroit pour démontrer que la jurisprudence de ce pays a conservé plusieurs choses du droit romain.

En

En France, au contraire, ainsi que dans les autres états de l'Europe, l'usage de ces formules n'est point reçu. Chacun explique ses préten-tions comme il l'entend, pourvu qu'il le fasse d'une manière claire.

Les actions civiles étant moins graves que les actions criminelles, ne sont pas assujetties à des formes aussi solennelles etaussi multipliées : de-là vient la différence des deux procédures, qui en sont la suite.

CHAPITRE XXIII.

Continuation du même sujet. Du Droit cri-minel.

Les lois criminelles sont le complément de tout le système du droit ; elles y donnent en quelque sorte la sanction, et forment comme la clef de l'édifice. C'est pour cette raison, sans doute, que les rédacteurs des codes romains ont réservé pour la fin ce qui concerne le droit criminel.

Ce n'est pas la partie la moins précieuse de leur ouvrage ; elle est même peut-être supé-rieure à celle qui traite du droit civil, en ce qu'il n'y a rien d'arbitraire, rien qui n'émane de

10

la raison la plus pure, et que l'humanité puisse désavouer (1). La nature des délits et des peines y est déterminée de la manière la plus juste et la plus équitable, et la proportion la plus exacte est établie entre eux. C'est principalement dans ces deux choses que consiste la perfection des lois criminelles. Imputer à crime et punir une action indifférente, c'est tyrannie; infliger des peines excessives, c'est une cruauté inutile; en établir de trop douces, c'est un frein impuissant.

Les lois romaines ne rangent dans la classe des délits que les actions vraiment nuisibles à l'ordre social; mais aussi elles les y mettent toutes; celles principalement qui attaquent les mœurs, dont la conservation est le premier objet de cette prudente législation. Les peines qu'elles infligent n'ont de rigueur, qu'autant qu'il est nécessaire, pour remplir le but qu'elles se proposent. La fragilité des hommes entre pour quelque chose dans leur calcul; et les actions dont elle peut être la cause, n'y sont pas punies avec la même sévérité, que celles qui procèdent de leur malice.

On trouve dans les lois romaines la sage distinction qui existoit autrefois chez nous, des

____

(1) Il faut en excepter seulement les lois de majesté, imaginées sous les Empereurs, et quelques autres de cette espèce, mais en petit nombre.

crimes privés et des crimes publics. Les premiers ne blessant que des intérêts particuliers , ne pouvoient être poursuivis que par ceux qui en avoient éprouvé du dommage. L'action pour les crimes publics, qui intéressoient la société entière, étoit ouverte à tout le monde. Il n'y avoit pas, chez les Romains, de magistrats chargés spécialement de la poursuite des délits publics.

Si la jurisprudence criminelle ne s'étoit jamais écartée des bases posées par le droit romain, on n'auroit pas été dans le cas de lui faire les reproches qu'elle a essuyés, et dont quelques-uns n'étoient pas sans fondement. Les anciennes lois criminelles de la France étoient, de l'aveu de l'Europe entière , les plus mauvaises de toutes, soit par la sévérité outrée des peines qu'elles prononçoient , soit par la partialité et l'absurdité même de la procédure adoptée depuis environ trois siècles ; aussi auroit-on eu de la peine à y reconnoître les vestiges du droit romain, d'où elles étoient émanées.

On voit par tous les monumens, qu'à Rome, ainsi que dans la Grèce et chez tous les peuples de l'antiquité, l'instruction des procès soit civils, soit criminels, se fesoit en public en présence des accusés et de tous les citoyens.

Cette manière d'instruire les affaires étoit, sans contredit, la plus équitable et la plus naturelle. Elle rendoit les brigues et les préventions moins dangereuses ; elle empêchoit les surprises que le secret de la procédure favorise de tant de manières : elle étoit sur-tout la plus propre à mener à la découverte de la vérité. La surveillance publique est tout à-la-fois le garant de l'intégrité des juges, et de la véracité des témoins (1).

L'instruction publique, qui n'avoit pas reçu la plus légère atteinte sous le despotisme impérial, s'étoit maintenue bien avant même dans le moyen âge. On ne connoît pas trop la cause des altérations qu'elle éprouva, ni l'époque à laquelle elles commencèrent; il paroît cependant que ce fut dans les jurisdictions ecclésiastiques que prit naissance l'instruction secrette, dont l'adoption bouleversa tout le système de l'ancienne procédure romaine. Le mystère dont la justice se trouva enveloppée l'isola entièrement des parties et du public. Il n'y eut plus de

---

(1) On objecte, à la vérité, que l'instruction devant les tribunaux révolutionnaires se faisoit publiquement, sans que pour cela ils en aient été plus réservés dans leurs sanguinaires jugemens. Quand on en est au point d'avoir des juges qui se glorifient du crime, loin d'en rougir, il est très-difficile de trouver un frein qui les contienne; il n'y a pas de réplique à faire par conséquent à ceux qui font cette objection. On peut seulement leur demander, ce qu'auroient fait en secret les hommes dont ils parlent, s'ils étoient si osés en public.

point de contact entre les juges et la vérité, qu'ils étoient obligés de chercher; il ne fut plus possible de la trouver là où elle étoit réellement; il fallut la découvrir dans des fatras de procédures souvent mal rédigées, et quelquefois menteuses et inexactes.

L'instruction secrette, qui n'étoit d'abord établie que dans quelques provinces de la France, devint, sous François Ier, une loi générale de l'État (1). Notre législation n'avoit pas éprouvé encore de révolution aussi funeste, que celle qu'y causa cette fatale innovation. Ayrault, lieutenant criminel d'Angers, homme plein de sens et de lumières, qui avoit vu l'ancienne et la nouvelle procédure, déplore souvent les effets pernicieux de celle-ci, dans son livre de *l'ordre judiciaire*. « Si Appius Claudius, dit-il, eût fait » lui seul le procès à Clodius son affranchi, et à » Virginie, n'eût-il pas mieux celé sa paillar- » dise ? Eût-il eu tant de peine à subtiliser sur la » loi des XII tables? Il est facile à huis clos d'a- » jouter ou diminuer, de faire brigues ou im- » pressions. L'audience, au contraire, est la bride » des passions ; c'est le fléau des mauvais » juges ».

Il remarque ailleurs qu'anciennement lorsque l'instruction étoit publique, elle étoit bien plu-

____

(1) Par l'ordonnance de 1535.

tôt terminée; que depuis que *tout se faisoit en privé*, ce n'étoient plus que longueur, pièces, et vacations décousues, délais sur délais, appellations sur appellations. « Nos procès ne sont » que de pièces ou morceaux; en jugeant on dé- » cide de ce qu'on n'a jamais vu ni ouï. Finale- » ment tous fondent leur conscience et leur re- » ligion sur du papier peut-être faux, peut-être » mal grossoyé, peut-être défectueux ».

Tels sont les vices que l'on reprochoit, dans sa naissance même, à la procédure secrette. Sa sévérité s'accrut encore avec le temps; elle s'est maintenue en entier jusqu'à la révolution.

Depuis long-temps l'opinion publique demandoit une réforme dans cette partie. Des méprises très-graves, commises par quelques tribunaux, et qui ne prenoient leur cause que dans l'instruction partiale et défectueuse qu'ils étoient obligés de suivre, en faisoient sentir davantage la nécessité. L'ancien gouvernement n'avoit jamais eu le courage d'entreprendre une réforme si vivement sollicitée. L'assemblée constituante fut plus avisée : en établissant la publicité des procédures et des jugemens; la distinction du fait et du droit au criminel et l'instruction par jurés, elle acquit une popularité dont l'influence se fit sentir dans des opérations qui ne la méritoient pas autant.

Ces institutions, qui choquoient des usages

consacrés depuis plus de deux siècles et qui contrarioient des habitudes et des opinions invétérées, devoient nécessairement rencontrer des censeurs. S'il falloit en croire certaines gens, les juges autrefois ne prononçoient que sur des preuves; tandis que les Jurés, ne suivant que l'inspiration de leur conscience, se décident sans preuve.

Les anciens criminalistes regardoient, à la vérité, la preuve par témoins comme la preuve prédominante; et ils tenoient pour certain le fait attesté par le témoignage de deux personnes. Ils admettoient bien aussi la preuve par indices; mais c'étoit avec une extrême réserve, parce qu'on la réputoit moins sûre que la preuve par témoins.

Tout cela n'étoit que l'effet de la routine et des fausses idées qu'on avoit de la certitude et des moyens d'y parvenir. La certitude n'est qu'une modification de l'esprit forcé d'admettre ou de rejetter la vérité d'un fait, d'après l'examen réfléchi des preuves dont on l'appuie. La certitude n'est donc que le produit de l'impression que ces preuves ont faites. Elles peuvent se tirer ou du témoignage des hommes, ou des indices puisés dans les circonstances même du fait, ou enfin de la combinaison de tout cela ensemble.

Des témoins qui attestent un fait méritent

beaucoup de confiance, quand on est bien assuré de leur capacité et de leur impartialité. C'est précisément ce qui n'arrive pas toujours ; des témoins peuvent être ou trompés, ou trompeurs, ou tous les deux à-la fois.

La preuve testimoniale n'est donc plus alors qu'une preuve conjecturale, comme celle par indice. On ne peut donc faire de la déposition des témoins le motif déterminant de son opinion, qu'autant qu'on est certain de leur véracité, et qu'on aperçoit que leur récit se trouve d'accord avec toutes les circonstances du fait. Tel est le procédé des Jurés, qui n'est autre que celui de tous les gens de bon sens, quand ils se décident dans les actions importantes de la vie. Ils ne rejettent pas le témoignage des hommes ; mais ils s'en méfient : la méthode opposée est absurde et dangereuse.

Ce n'étoit pas celle des Romains. On peut voir dans le digeste le cas qu'ils faisoient du témoignage des hommes, et toutes les précautions qu'ils exigeoient pour s'assurer de la moralité et de la capacité de ceux qui étoient admis à le rendre (1). Il est bien certain, d'après cela, que la preuve par témoins étoit loin d'être chez eux une règle infaillible de l'évidence.

Les Romains avoient encore la distinction de

____

(1) *Leg.* 3, *dig. de testib.*

la question de fait et de la question de droit,
base de la procédure par jurés et même de la liberté civile, comme la distinction du pouvoir
législatif et du pouvoir exécutif, l'est de la liberté politique. Si l'on ne peut connoître la disposition des lois sans en avoir fait une étude particulière ; l'éducation ordinaire, l'habitude de
vivre avec les hommes et de traiter avec eux,
suffisent pour pouvoir prononcer sur une question de fait.

Le préteur qui présidoit à Rome dans les jugemens, appliquoit la loi au fait préalablement décidé par les juges, qui lui servoient d'assesseurs.

Il est bien singulier que cette distinction de
la question de fait et de la question de droit se
soit retrouvée dans les lois des peuples barbares,
d'où est sortie la procédure par Jury, ainsi que
je l'ai fait voir ailleurs. Les inspirations de la
nature sont uniformes par-tout, quand elles ne
sont pas contrariées par les préjugés ou par
l'habitude.

Il est vrai, et il faut en convenir, qu'en re-
prenant des Anglois les jugemens par Jurés qui
leur étoient arrivés de France, nous les avons
passablement défigurés. En Angleterre, comme
chez nos pères, les jugemens par Jurés sont
toujours des jugemens par pairs. Dans ce pays,
où les lois ont conservé ce caractère d'immuta-
bilité qui fait leur principale force, on suit en-

core un principe universellement reçu chez les peuples établis en Europe à la chute de l'empire romain, que personne ne doit être jugé par des gens d'une qualité inférieure à la sienne. Tout barbares qu'ils étoient, ils avoient eu le bon sens de comprendre que ceux qui se trouvoient au-dessus du commun par leur rang, leur fortune ou autrement, devoient nécessairement être en butte à l'envie la plus active et la plus malfaisante des passions humaines, et que ce seroit par conséquent les exposer à un danger évident, si on les livroit dans les accusations intentées contre eux, à des juges tirés d'une classe inférieure, et par conséquent ennemie de la leur.

En admettant d'ailleurs tous les citoyens indistinctement à l'exercice des fonctions de Jury, on doit y rencontrer très-souvent des individus sans instruction et sans expérience des hommes et des affaires ; choses qu'il faut cependant posséder jusqu'à un certain degré, pour pouvoir bien apprécier les actions humaines.

L'égalité des droits, qu'on a prétendu établir parmi nous et qui n'a jamais existé que dans les mots ou sur le papier, a donc contribué à dénaturer entièrement la plus belle des institutions humaines, et celle qui pourroit absoudre la révolution d'une partie des crimes, dont elle a été l'occasion.

Il faut qu'en finissant cet important sujet, je cite encore les Romains, des maximes et des usages desquels je me suis si souvent appuyé. La vie et la fortune des citoyens ne furent jamais abandonnées parmi eux à des hommes choisis au hasard dans toutes les classes de la société. Les juges étoient pris d'abord parmi les Sénateurs qui tenoient le premier rang dans la république, et quand les Gracques transportèrent cette prérogative à l'ordre des Chevaliers qui formoient encore une classe distinguée, quoique inférieure à celle des Sénateurs, cela causa une révolution dans le gouvernement. Ces juges ne prononçoient cependant pas sur la vie et même sur l'état civil des citoyens. Il n'y avoit que le peuple entier qui exerçât une pareille puissance dans les comices par centuries, où les riches et les grands avoient une si forte influence. Jamais les plus intrépides factieux n'osèrent demander une pareille attribution pour les comices par tribus, où l'influence populaire se faisoit beaucoup mieux sentir.

Ce qui mérite encore plus d'être admiré dans les mœurs romaines, c'est le respect pour la liberté des citoyens, pendant le cours des accusations intentées contre eux : rarement les arrêtoit-on avant le jugement qui les déclaroit coupables ; et lorsqu'on croyoit cette précaution nécessaire, on ne les enfermoit point dans une prison; on les fesoit seulement garder à vue dans leurs maisons. Sous Claude et Néron, et même long-temps après, cette pratique se maintenoit encore. L'innocence, injustement accusée, n'é-toit pas obligée de subir une peine, telle que celle qui résulte d'un séjour prolongé dans les prisons. Il est vrai que les criminalistes, pour excuser la sévérité des lois modernes, avoient mis en maxime que l'emprisonnement n'étoit pas une peine : ils ne l'avoient sans doute jamais éprouvée. Plus de gens sont aujourd'hui en état d'apprécier la justesse de leur assertion.

L'amour incorruptible pour la vérité, dont je fais profession, m'oblige de dire aussi que jusqu'à l'introduction de la procédure secrette sous François I.er, les lois en France avoient les plus grands égards pour la liberté des citoyens; et malgré l'injustice et la sévérité outrées que cette funeste innovation introduisit dans le cours de l'instruction, l'esprit primitif de la législation française sembloit se faire remarquer encore dans la manière dont on s'assuroit des accusés. Il y avoit, pour les appeler en justice, diverses espèces de décrets, gradués sur la gravité des délits, et dont l'honneur national sembloit avoir donné les nuances. Aucun ne pouvoit être dé-cerné sans une information préalable; et il n'y avoit que le décret de prise au corps, le plus sé-vère de tous et qui ne pouvoit avoir lieu que dans les délits graves, qui autorisât d'attenter à la liberté d'un citoyen.

L'amélioration que les nouvelles lois ont apportée dans la procédure criminelle, s'est démentie dans la partie dont je parle. Au décret de prise au corps, sont venus se joindre les mandats d'amener, les mandats d'arrêt, et plus récemment encore les mandats de dépôt. En vertu de tous ces actes qui diffèrent dans les mots et très-peu dans les effets, un citoyen peut, sans aucune information et souvent sur une simple dénonciation, être arraché de force de son domicile et privé de la liberté. Leur triste nomenclature forme sans doute un contraste affligeant avec les principes de la liberté, dont nous tirons un si juste orgueil.

CHAPITRE XXV.

Revue générale de tous les codes de droit.

En traçant l'esquisse que je viens de donner d'un code général de droit, j'ai été obligé de m'élever jusques au beau idéal. Il n'en existe aucun d'assez parfait, pour être proposé comme modèle. On en sera convaincu par la courte revue que je vais faire des principales collections législatives, depuis celle des XII tables, source première du droit ancien et moderne, jusques à nos jours.

Les décemvirs, chargés de la rédaction des lois des XII tables, ne firent que recueillir les anciennes lois romaines, celles principalement qui avoient été faites par les rois. Bonamy l'a démontré dans deux mémoires qui se trouvent parmi ceux de l'académie des inscriptions. L'envoi des commissaires dans la Grèce pour y chercher des lois, est un de ces contes que Tite-Live, bien plus grand écrivain que bon critique, a puisés, ainsi que tant d'autres, dans les Annalistes Romains. Il l'a mis en si beau style, que ceux qui se paient de mots ont cru la chose démontrée.

Les fragmens qui nous restent des lois des XII tables, suffisent pour juger qu'elles devoient former un code assez étendu, sur-tout pour le temps où elles furent faites (1).

Leur réputation se soutint toujours à Rome; elles étoient réputées comme la source la plus pure du droit, et Cicéron les célèbre dans les termes les plus magnifiques.

« Qu'on soit révolté, dit-il, de ma proposition, » cependant il faut que je le dise; si l'on doit ju-

____

(1) Cicéron en appelle la collection un petit livre, *libellum*; mais c'étoit sans doute en comparaison de l'énormité des volumes des autres compilations légales.

» ger des choses par leur autorité et par l'utilité
» qu'on en retire, je trouve plus de vraie phi-
» losophie dans le petit recueil des lois des
» XII tables, que dans les bibliothèques de tous
» les philosophes . L'on faisoit très - sagement,
» lorsque dans notre jeune âge on nous faisoit ap-
» prendre ces lois par cœur, comme une chose
» nécessaire à connoître ; pratique que l'on né-
» glige mal à propos aujourd'hui ».

S'il falloit en croire Tacite, les lois des
XII tables auroient été les dernières lois justes (1).
C'est sans doute une exagération que je n'entre-
prendrai pas d'apprécier ; il me suffira d'observer qu'il ne paroît pas que depuis la publication
des lois des XII tables, on ait ramassé et fait
un corps de celles qui les suivirent. On voit par
deux ou trois endroits des ouvrages de Cicéron,
que de son temps la législation romaine étoit
dans la plus grande confusion. Il indique le plan
qu'il pense qu'on auroit dû suivre, pour faire de
la jurisprudence une science régulière, et y
mettre de l'ordre et de la méthode (2).

Jules-César eut, dit-on, le projet d'entreprendre ce grand ouvrage : sa mort prématurée
l'empêcha de l'exécuter. Il n'y a aucune preuve
que son successeur ait eu même l'idée de suivre

____

(1) *De Orat.* I, 43 ; *de Leg.* II, 23.

(2) *Brutus*, *cap.* 41. *De orat.* 1.

ce dessein; il porta ses vues sur des objets plus pressans. On a contesté à Auguste les talens militaires, mais personne ne peut lui refuser au suprême degré ceux de l'administration. Il posa en effet les fondemens de la politique qui régit l'empire romain, jusqu'à sa destruciton; il avoit fait lui-même et copié de sa propre main, un état de ses provinces et de ses troupes, du montant et de la nature de ses revenus.

Ce prince arrivé, dit Tacite, à l'autorité souveraine dans un temps où chacun étoit fatigué des discordes civiles, et où les lois sans vigueur n'étoient plus que le vain jouet de la force, de l'ambition ou de la cupidité, s'attacha à rétablir leur empire et à affermir la paix et le repos, après lesquels tout le monde soupiroit (1).

Après qu'on eut ajouté la qualité de censeur aux dignités dont il étoit déjà revêtu, il en remplit les devoirs avec la plus grande distinction. Non content de réprimer la force et la violence, il remonta à la source du mal, en rétablissant les mœurs auxquelles les désordres passés avoient porté tant d'ateinte. Les lois contre l'adultère et sur-tout la loi *Papia Poppœa*, pour encourager au mariage, dont le souvenir récent des malheurs publics avoit inspiré le dégoût, peuvent être cités comme des chefs-d'œuvre dans ce genre.

____

(1) *Tacit. Ann. princip.* et III. 28.

Les

Les successeurs d'Auguste n'eurent pas plus que lui la pensée de rédiger un code général de droit. On fit seulement, sous Adrien, un édit perpétuel de celui du Préteur, qui d'abord révocable à volonté, ensuite annuel, reçut alors une sanction qui le rendit perpétuel (1). Cet édit formoit une espèce de corps de droit, et contenoit des dispositions sur presque toutes ses parties.

Les codes Hermogénien et Grégorien furent les premiers, où les rescrits des empereurs se trouvèrent rassemblés. C'étoient des collections particulières, dont on ne connoît pas trop les auteurs, ni le temps où ils vécurent. Elles ne venoient que jusqu'à Constantin. A leur imitation Théodose le jeune, vers l'an 438, fit recueillir les édits des empereurs, depuis Constantin jusqu'à lui.

Le code Théodosien survécut en Occident à la chute de l'Empire romain. La plupart des peuples barbares qui s'en étoient partagé les débris, firent faire de nouvelles éditions de ce code, pour l'usage de leurs sujets Romains.

Le projet de Justinien, pour la réforme du droit, paroît avoir été assez bien conçu. On voit encore, dans la préface de son code, le plan d'après lequel devoient travailler les commis-

____

(1) *Heinecc. antiq. roman. jurisp. illustr. procem, parag. 13 et seq.*

saires à qui il en avoit confié la rédaction. Il ne leur étoit pas permis d'y insérer des lois de leur invention ; leurs pouvoirs se bornoient à recueillir et à revoir les anciennes, à en changer les expressions obscures, à en concilier les dispositions contradictoires, à en retrancher enfin tout ce qu'il pouvoit y avoir d'inutile et de superflu. Ils devoient en outre examiner les décisions des jurisconsultes les plus célèbres, et au cas où elles seroient opposées, choisir celles qui paroîtroient les plus justes (1).

Ce plan, qui étoit très-raisonnable, fut mal exécuté ; soit, comme on l'a prétendu, parce que Justinien ne choisit pas, ou ne trouva pas des hommes assez habiles pour se tirer avec honneur d'un si pénible ouvrage, soit parce qu'il ne leur donna que trois ans pour l'achever. La première édition qu'ils donnèrent du code fut si mauvaise, qu'il fallut la recommencer ; celle que nous avons aujourd'hui est la seconde, et elle est loin d'être un chef-d'œuvre.

Le plus grand vice de cette compilation, car c'est le seul vrai nom qu'elle mérite, vient de ce qu'au lieu de faire un tout des diverses parties du droit, l'on fit deux codes différens ; l'un, des édits ou des rescrits des empereurs ;

---

(1) *Tit.* 1, *de nov. cod. faciend.*

l'autre, des décisions extraites des ouvrages des plus célèbres jurisconsultes. Ce dernier code, infiniment plus étendu que le premier, s'appelle le Digeste (1). Au lieu de recueillir les règles et les maximes générales de droit qui se trouvoient dans les écrits des jurisconsultes, on se contenta d'en prendre des fragmens, et de les insérer dans le code tels qu'ils étoient ; ce qui ne pouvoit plus faire qu'un ouvrage tronqué, et où le fil des idées étoit nécessairement rompu. Il y eut très-peu d'ordre et de méthode dans la distribution que l'on en fit ; c'est seulement une division par livres et par titres, où les matières sont souvent confondues.

Justinien ajouta à cela ses propres lois, qui ne sont pas ce qu'il y a de meilleur, puisqu'on prétend, comme je l'ai déjà dit, que Tribonien en faisoit commerce : ce fut là un troisième code. La rédaction de ces *Novelles*, c'est le nom qu'on leur donna, fut pire encore que celle des deux autres codes ; et elle suffit pour

---

(1) On a trouvé chez les Indiens, un Digeste pareil à celui de Justinien, et composé aussi des fragmens des anciens Jurisconsultes. M.ᵣ H. T. Colebrooke l'a traduit en anglais ; il y a dans *l'Annual register Afiatik*. 1800, l'analyse de la partie des obligations. Les principes en sont les mêmes que ceux des lois romaines ; ils ne peuvent varier nulle part, dans de telles matières.

11 *

prouver que le grand ouvrage de la réformation des lois, étoit au-dessus des forces des gens de Justinien, et peut-être même de son siècle.

Ses compilations furent d'abord peu connues en Occident, où ce prince ne posséda rien, jusques après les conquêtes de Bélisaire et de Narsès. En Orient, l'empereur Basile les fit traduire en grec, et leur donna le nom de *Basiliques*. Nous avons encore une partie de cette traduction.

CHAPITRE XXV.

Continuation du même sujet. Des Codes du moyen âge.

Tous ces peuples barbares qui, après avoir renversé en Europe la domination romaine, élevèrent sur ses ruines tant d'Etats différens, avoient apporté, comme je l'ai dit ailleurs, quelques coutumes non écrites, aussi sauvages qu'eux. La plupart, après que leurs nouveaux établissemens eurent pris une consistance solide, firent rédiger leur coutumes par écrit. Nous avons encore plusieurs de ces codes bizarres.

Le plus grand des législateurs du moyen âge,

Charlemagne, fit des lois sur une infinité de sujets. Les plus relevés comme les plus petits n'échappèrent point à sa prévoyance ; il ne fit cependant pas recueillir ses lois en un seul corps. Les deux compilations qui en ont été faites par Angésise et Benoît Lévite, qui, par parenthèse, y a ajouté bien des choses étrangères, sont d'une époque postérieure à son règne.

Un historien moderne de ce prince a prétendu qu'il avoit eu le projet de faire traduire les lois, en langue vulgaire.

Je ne sais où cet historien, d'ailleurs très-estimable, a puisé cette anecdote. Une seule réflexion suffit pour en démontrer la fausseté. Il seroit difficile de dire quelle étoit la langue vulgaire d'un empire aussi étendu que celui de Charlemagne. Le Tudesque étoit la langue vulgaire de la France orientale, c'est-à-dire située au-delà du Rhin ; dans la France occidentale, qui comprenoit les Gaules et les pays adjacens, c'étoit la langue Romance, mélange de l'ancien Celte et du Latin, que les Romains y avoient apporté.

Le seul fragment qui nous reste de cette langue, est le serment des enfans de Louis le Débonnaire, dans le traité qu'ils firent après la bataille de Fontenay, et qui a été le sujet de tant de dissertations. Il indique une langue bien informe. Ce n'étoit plus du latin, mais ce n'étoit pas encore du français ; il eût été très-difficile de rédiger des lois en un tel langage.

D'ailleurs les Barbares du continent se trouvant très – inférieurs en nombre au peuple vaincu, le ménagèrent davantage, et ne cherchèrent pas à faire prévaloir leur langue ; ils rédigèrent même en latin leurs propres lois. Il en fut autrement dans la Bretagne, où la langue des conquérans devint la langue vulgaire. Les lois n'en parlèrent pas d'autre. Aussi les Anglais sont-ils le peuple de l'Europe, qui a le plus anciennement ses lois écrites dans sa propre langue ; ce qui n'a pas peu contribué à en répandre de bonne heure la connoissance, et à lui inspirer pour elles cet attachement, qui l'a caractérisé de tous les temps. Le roi Edouard, le dernier de la race des Saxons, fit, à ce qu'on prétend, un code uniforme pour toute l'Angleterre, des lois que les Saxons et les Danois y avoient portées. Il y a des chroniqueurs qui font remonter ce code plus haut encore, au temps d'Edgar ou du moins d'Alfred.

Pendant les siècles qui suivirent celui d'E_douard, et qu'on est en usage de regarder comme des siècles d'ignorance et de barbarie, et à qui notre orgueil présomptueux accorde à peine les premiers élémens de la raison, la plupart des peuples de l'Europe s'attachèrent à recueillir leurs lois et à les mettre en ordre. Il n'y a aujourd'hui de législation juste et raisonnable, que celle où l'on a conservé, au moins l'esprit de ces anciennes lois. Alphonse, roi de Castille vers l'an 1250, exécuta le plan de son grand père St.-Ferdinand, et fit, de toutes les coutumes de ces provinces, un code célèbre, appelé *las partidas*. Le roi de Portugal, Edouard, fit la même chose vers le commencement du quinzième siècle : la Suède s'étoit, à cette époque, déjà donnée un code ; la Hongrie dut celui qui fait encore la base de sa législation, à St. - Etienne son premier roi (1). Divers Etats d'Italie recueillirent ainsi leurs lois ; et des jurisconsultes de Milan mirent par écrit les lois féodales, que la tradition seule avoit d'abord conservées.

Mais la législation qui mérite le plus d'être remarquée par l'universalité de son empire et par l'influence qu'elle exerce même encore en beaucoup de pays, est sans contredit celle des Papes. Leur puissance, dans les siècles dont je parle, avoit pris ses plus forts accroissemens; et par des moyens bien différens de ceux qu'a-

---

(1) On parle avec beaucoup d'éloge du code fait en Danemark par Christiern V.

voient employés les anciens Romains pour arriver à l'empire du monde ; ils avoient réussi
à s'en faire un, qui n'a été inférieur au leur
ni en étendue ni en durée. Cette puissance
a eu ses panégyristes et ses détracteurs ; des
partisans zélés et des ennemis plus anarchés
encore. On l'a tour à tour trop exaltée et trop
déprimée. Ceux qui savent prendre les hommes
tels qu'ils sont, et juger les choses sans préjugés comme sans passion, ne sauroient disconvenir que l'influence que les Papes exer-
cèrent dans le moyen âge, et qu'ils ne
durent qu'à la supériorité de leurs lumières,
ne fût nécessaire à l'Europe partagée alors en
peuples à demi sauvages. C'étoit le seul foyer
de civilisation qui restât. Presque toujours l'autorité et la médiation des Papes parvenoient
à terminer, ou du moins à suspendre les
guerres continuelles que ces peuples se faisoient.
Il n'y avoit pas d'autre appui pour les opprimés. Les Papes firent quelquefois tourner à leur
profit le crédit immense dont ils jouissoient :
qu'on montre un aussi grand pouvoir dont on
ait moins abusé ? D'un autre côté, quelle brillante perspective pour le mérite et la vertu !
Jamais plus noble carrière ne fut ouverte à
l'émulation des hommes. Dans une domination dont l'opinion faisoit toute la force, il ne
falloit pas des hommes vulgaires. Il ne seroit

pas aisé de nombrer les hommes extraordinaires en tout genre, dont la cour romaine
fut successivement remplie ; c'étoit en quelque
sorte là le point central où ils venoient se
réunir, et chercher fortune de toutes les parties de l'Europe. On n'y tenoit compte ni du
rang, ni de la naissance ; souvent le roi des
rois étoit sorti de la dernière classe du peuple.
L'histoire ne présente rien de pareil en aucun
temps ; on a tant exalté les conquêtes des
Romains, dont le résultat fut le massacre et
la dévastation de presque tout l'univers connu :
sera-t-on moins indulgent pour ceux qui ne
régnèrent que par l'ascendant paisible de la
raison, ou, si l'on veut, de l'adresse ?

Les Papes prétendoient faire croire qu'ils
avoient succédé, en Occident, à l'autorité des
Empereurs. La donation de Constantin n'avoit
été imaginée que pour cela ; ils réglèrent les
dignités de leur cour sur celles de l'empire ; et
les codes qu'ils publièrent égaloient en nombre
et en volumes ceux de Justinien. Leur législation fut juste et humaine, jusques à ce
qu'exaspérée par les attaques de quelques sectes, qui s'élevèrent contre eux, ils insérèrent
dans leurs codes des maximes que la justice
ne sauroit avouer.

Je n'ai pas dit encore ce qu'on faisoit en
France, quand, dans tout le reste de l'Europe,

les peuples à l'envi s'occupoient à recueillir leurs lois et à les mettre en ordre. On y songeoit bien à toute autre chose. Les querelles sur l'*universale à parte rei* y étoient dans tout leur feu ; elles avoient donné naissance aux sectes des Réalises et des Nominaux, qui, par leur acharnement et le sujet incompréhensible de leurs disputes, ressembloient assez aux sectes plus modernes du jansénisme et du molinisme. Elles agitèrent la France pendant plus de trois siècles. Louis XI donna un édit pour les faire cesser ; le temps sans doute les avoit amorties ; car ces choses cèdent à la lassitude, mais non à l'autorité.

Ces querelles, jointes aux troubles occasionnés par les guerres des Anglais, achevèrent de mettre le désordre dans toutes les parties de l'administration. Il n'y avoit pas de loi proprement dite en France. Je ne parle pas des établissemens de St.-Louis, qui semblent avoir été plutôt un traité de jurisprudence, qu'un acte législatif, et dont l'autorité d'ailleurs auroit été renfermée dans l'étendue des domaines royaux. Chaque province, chaque seigneurie, chaque ville même avoit sa coutume particulière ; elle n'étoit nulle part rédigée par écrit. Cela ne pouvoit être autrement dans un temps où les juges ne savoient ni lire, ni écrire. On étoit obligé, toutes les fois qu'il

y avoit du doute sur un point de coutume,
d'en faire preuve par témoin.

Charles VII fut le premier qui songea à re-
médier à ce désordre, en ordonnant de rédiger
les coutumes par écrit. Son ordonnance fut
mal exécutée, soit parce qu'on ne suivit pas
pour cette rédaction un plan uniforme, soit
parce que l'on n'eut pas pour cela des rédacteurs bien habiles ; il fallut y revenir à diverses
reprises et à différentes époques.

On a prétendu de Louis XI comme de Charlemagne, qu'il avoit eu l'idée de n'avoir qu'une
seule loi en France, comme un seul poids et
une seule mesure. Il est possible que ce prince,
qui n'étoit pas un roi vulgaire, ait eu un pareil projet ; mais je doute que l'autorité royale,
qu'il fut le premier à mettre *hors de page*,
eût été assez puissante alors pour l'exécuter.

Il n'y eut rien de remarquable dans notre
législation, jusques à François Ier, qui fut,
comme je l'ai dit ailleurs, le père des lettres,
mais non celui des bonnes lois.

Au milieu de quelques réglemens utiles que
son règne vit publier, on lui reprochera éter-
nellement la vénalité des charges, qu'il étendit
s'il n'en fut pas l'auteur, et sur-tout l'introduction de la procédure secrète au civil comme
au criminel.

J'ai parlé ailleurs des lois faites sous le ministère du chancelier de l'Hôpital, et j'ai dit que les ordonnances de Louis XIV, les plus vantées, n'en avoient été que la copie. L'idée de réformer la justice ne devoit pas échapper à un règne, sous lequel on ne négligea rien de tout ce qui pouvoit contribuer à la gloire et à la grandeur de la nation; mais ce qui prouve encore combien l'art du législateur est difficile, et combien sont rares ceux qui le possèdent, c'est que ce siècle, si fécond en talens de toute espèce, n'eut qu'un seul homme capable de diriger la réformation de la jurisprudence.

Cet homme étoit le premier président de Lamoignon, que de grandes lumières et de plus grandes vertus rendirent extrêmement recommandable, dans un temps où la réunion de ces qualités, étoit encore assez commune dans la magistrature française. Les écrivains les plus illustres de ce siècle; poëtes, orateurs, le célébrèrent à l'envi, et les éloges qu'il en reçut, répandirent sur son nom un éclat, que quelques-uns de ses descendans ont soutenu jusqu'à nos jours.

Lamoignon inspira à Louis XIV l'idée de réformer la justice. Son plan, suivant l'auteur de sa vie, « étoit de former un code général » et uniforme ; de corriger cette multiplicité de » lois contraires, qui rend les différentes pro-

» vinces d'un même royaume, étrangères les
» unes aux autres, et en quelque sorte enne-
» mies ; il vouloit faire disparoître cette diver-
» sité, ce combat de jurisprudence dans les
» différens tribunaux ; il vouloit enfin qu'on
» prît dans chaque coutume, ce qu'elle contient
» de plus conforme à la nature et à la raison,
» pour en faire la loi générale de la France (1) ».

L'auteur de la vie de Lamoignon a tracé sans doute ce plan d'imagination ; jamais le projet de ce magistrat ne fut de concilier toutes les coutumes, et de faire un code général de ce qu'elles contenoient de plus naturel et de plus raisonnable. Ce projet, qui a encore aujourd'hui ses difficultés, bien que les coutumes aient éprouvé de grands retranchemens par l'effet de la révolution, en auroit bien eu davantage dans le temps, où elles étoient dans leur entier, et où le dégoût pour les anciens usages, n'étoit point devenu encore contagieux. Qui auroit pu dire qu'une coutume étoit plus qu'une autre *conforme à la nature et à la raison* ? Chaque province étoit à coup sûr persuadée, qu'il n'y avoit rien de plus naturel et de plus raisonnable que sa coutume. D'ailleurs le droit coutumier ne statuant presque que sur des usages locaux, ne pouvoit, comme je l'ai

____

(1) Vie de Lamoignon, pag. 31.

observé dans la préface, fournir les élémens d'un code général.

Aussi le dessein du président de Lamoignon se bornoit à travailler à une nouvelle réforme de la coutume de Paris, et à fixer des points dans la jurisprudence française, sur les questions qui n'étoient pas nettement décidées par les coutumes (1). C'est là le plan dont le chancelier d'Aguesseau entreprit dans la suite l'exécution.

Une intrigue de cour empêcha qu'elle ne fût même commencée sous Louis XIV, en écartant l'homme qui, après avoir conçu ce plan, étoit évidemment le seul capable de le bien remplir (2).

______

(1) Voyez la préface des OEuvres d'Auzanet.

(2) On peut se former une idée de la réforme que projettoit Lamoignon, dans son ouvrage des *Arrettès*, qui sont des projets de lois sur les points les plus importans de la jurisprudence, rédigés avec Auzanet et Fourcroy, célèbres Jurisconsultes de son temps, qu'il avoit associés à ses travaux. D'Aguesseau dit que ces *Arrettès* sont « l'ouvrage le plus propre à former cette » étendue, et cette supériorité d'esprit, avec laquelle on » doit embrasser le Droit Français, si l'on en veut pos- » séder parfaitement les principes ».

Pour connoître l'esprit dans lequel cet ouvrage étoit composé, et le respect qu'on y montroit pour les droits véritables de l'humanité, il suffira d'en citer le premier article : on se souviendra que ce sont des projets de lois.

Colbert, si habile en administration, mais d'ailleurs si peu instruit, qu'il savoit à peine l'orthographe, avoit cependant les prétentions de devenir Chancelier; il calcula qu'il falloit pour y réussir, se mettre à la tête de la réformation de la justice. Le crédit dont il jouissoit à la cour, lui fit obtenir une préférence ridicule, sur le modeste Lamoignon.

Mais n'ayant pas la plus légère teinture de jurisprudence, il lui eût été difficile de se tirer d'une telle entreprise, sans les secours d'autrui. Il fut obligé de chercher un second, et de s'associer le conseiller d'état Pussort, qui aspiroit aussi à être Chancelier. Son choix ne pouvoit être plus mauvais. Pussort avoit de l'in-

---

« Nous voulons, à l'exemple du roi St. Louis notre
» aïeul, et de plusieurs autres rois nos prédécesseurs, en
» accordant à tout notre royaume ce qu'ils ont ordonné
» pour quelques endroits seulement, que tous nos su-
» jets soient libres et de franche condition, sans taxe de
» servitude, que nous abolissons dans toutes les terres et
» pays de notre obéissance, sans qu'à cause de la précé-
» dente manumission et affranchissement, les seigneurs
» puissent prétendre aucun droit en vertu des coutumes
» que nous abolissons. » On voit par là que les bons esprits du siècle de Louis XIV connoissoient bien les réformes, qu'il étoit essentiel de faire dans notre législation.
Il est en cela un point de maturité, dont les gens sages et
vraiment amis de leur pays, sont les juges exclusifs;
malheur à l'Etat qui n'écoute pas leurs conseils !

tégrité ; mais c'étoit un homme d'un caractère intraitable et d'un esprit extrêmement borné.

Un plan comme celui de Lamoignon, ou tout autre, qui auroit annoncé des vues profondes ou étendues, étoit hors de la portée des siennes. Il réduisit la réforme à quelques points de procédure , dans lesquels il ne fit la plupart du temps que copier les ordonnances antérieures; il prit en cela le meilleur parti , car l'ignorance où il étoit des formes du parlement, lui fit commettre mille fautes dans ce qui étoit de son invention.

Colbert vouloit cependant que le travail de Pussort fût secret, et qu'on l'adoptât sans examen , dans un lit de justice. Lamoignon, averti de ce projet, ne parvint à le déconcerter, qu'en mettant en jeu l'amour propre de Louis XIV, et en lui inspirant la crainte d'attacher son nom à un ouvrage, qui le dépareroit aux yeux de la postérité (1). Il obtint que le travail de Pussort seroit soumis à l'examen d'une commission composée des magistrats les plus instruits du Conseil et du Parlement. Nous avons encore le procès-verbal de ses conférences; on y voit combien l'ouvrage de Pussort étoit encore imparfait, et les sages modifications que les observations de Lamoignon

____

(1) Vie de Lamoignon.

y firent apporter. L'ascendant impérieux de Pussort s'y remarque cependant toujours. Chaque fois qu'une observation lui déplaît, il arrête la discussion, en disant qu'il en parlera au roi : et les choses restent telles qu'il les avoit présentées.

C'est sur-tout dans le procès-verbal de l'ordonnance criminelle, que ses victoires sont révoltantes. Il y repousse avec la plus imperturbable dureté tout ce que Lamoignon propose, pour tâcher d'humaniser une loi d'une atrocité si froide, qu'elle annonçoit dès-lors tout ce qu'en fait de législation, les Français étoient capables d'inventer et de souffrir.

Je dois, avant de finir ce chapitre, parler encore de la réforme entreprise par le chancelier d'Aguesseau, quoiqu'elle semble appartenir à un siècle, dont le génie législatif mérite un examen particulier. Mais si par l'époque où elle fut commencée, elle tient au dix-huitième siècle, elle y est étrangère par l'esprit qui la dirigeoit, et qui est le même que celui des réformes antérieures. Le chancelier d'Aguesseau étoit trop sage, ou, si l'on veut, trop timide pour ouvrir de lui-même une carrière nouvelle. Il étoit moins question d'établir l'uniformité des coutumes, que d'éclaircir celles dont les décisions étoient obscures ; on vouloit sur-tout faire cesser toute diversité de jurisprudence entre les différentes cours, sur les matières où elles suivoient les mêmes lois (1).

Chaque province conservoit ses usages particuliers ; on les rendoit communs à toutes celles dont les lois pouvoient le permettre. On obligeoit chaque cour à juger en conformité d'une même loi.

Mais un tel plan ne présentoit pas cette hardiesse, ni ce coup-d'œil séduisant d'une exacte uniformité. Pour se le procurer, il falloit faire un tel abatis, qu'on ne devoit jamais l'attendre de l'esprit reservé et circonspect de l'ancienne magistrature. Une telle entreprise devoit être préparée de longue main, et elle ne pouvoit s'exécuter que dans des temps où l'on fût affranchi de tout ménagement, et au-dessus de toute considération.

____

(1) Voyez le préambule des ordonnances des donations et des testamens. Bretonnier avoit fait, par ordre de d'Aguesseau, le recueil que nous avons des questions diversement jugées par les cours souveraines. Il indique les principaux objets sur lesquels la réforme devoit porter ; on voit qu'elle est la même que celle imaginée par Lamoignon, sur les traces duquel d'Aguesseau se faisoit gloire de marcher.

CHAPITRE XXVI.

De la réforme des lois dans le dix-huitième siècle. De l'esprit des Lois.

JUSQUES vers le milieu du dix-huitième siècle, la jurisprudence avoit été l'appanage exclusif d'un petit nombre d'hommes dévoués par état à son étude. Il n'y avoit presque pas de rapport entre elle et les autres arts. L'étendue et la diversité infinie des matières ; leur sérieux et leur sécheresse ; l'énormité et le grand nombre des volumes qui les renfermoient ; la langue et le style dans lesquels la plupart étoient écrits ; tout cela suffisoit pour écarter de cette étude ceux qui n'y étoient pas excités par un intérêt majeur. Le bel esprit sur-tout se seroit bien gardé d'en approcher. Que pouvoit-il y avoir de commun entre lui et un grave Jurisconsulte ?

Le livre qui le premier parut ouvrir l'accès de la science du droit au gros des gens de lettres, et vouloir les initier dans ses mystères, fut celui de l'esprit des lois. On sait tout le bruit qu'il fit dans le temps, et comment sa renommée fut presque autant due aux contradictions absurdes qu'il éprouva, qu'à son mérite réel.

Depuis la république de Bodin, qui n'est pas un livre méprisable, mais que peu de gens lisoient, il n'avoit paru en France aucun ouvrage de quelque réputation sur les matières de droit politique, jusques à l'esprit des lois. C'étoit là une science toute neuve parmi nous. On regarda comme une grande découverte ce que Montesquieu dit de l'influence des climats, dont il est parlé dans tous les écrivains, depuis Hyppocrate jusques à Bodin, et que l'esprit des lois ne fit qu'exagérer.

Ceux néanmoins qui, séduits par le titre de l'ouvrage, croyoient y trouver les principes fondamentaux du droit politique et civil, ainsi que les motifs qui en avoient dicté les règles, furent bien trompés dans leur espoir, lorsqu'ils n'y virent qu'une théorie plus brillante que solide des diverses espèces de gouvernement ; une érudition vaste, mais souvent inexacte ou étrangère au sujet ; une affectation marquée de donner des motifs recherchés des choses, quand il y en a de naturels et de visibles ; nul ordre, nulle liaison dans les matières ; vice capital dans un ouvrage dont il semble que le premier mérite devoit consister dans l'enchaînement des idées.

Ses conceptions ne sont pas toujours bien claires ; on est encore à savoir ce qu'il veut dire, quand il fait de la vertu le principe du gouvernement démocratique , et de l'honneur celui du gouvernement monarchique. Bien des gens croient qu'il ne sauroit y avoir de vertu sans honneur, ni d'honneur sans vertu. Aristide et Phocion , à Athènes ; Caton et les Scipion , à Rome , étoient des hommes d'honneur , tout comme Coligny, Turenne et Catinat parmi nous ; et ceux-ci ne le cédoient pas aux autres en vertu.

Montesquieu a assez bien démêlé la nature des pouvoirs intermédiaires , et les avantages qui résultoient de leur établissement ; mais ce qu'il n'a pas dit, et ce qui est pourtant très-essentiel, c'est que sur le théâtre du monde , comme sur les autres , il faut, pour se tirer avec honneur du rôle qu'on est destiné à y jouer, avoir les talens, les mœurs et le caractère convenables pour le bien remplir.

Les ordres qui , dans un Etat , forment les pouvoirs intermédiaires , doivent être sans cesse animés de l'esprit qui présida à leur institution. Ce n'est que par cet esprit qu'ils existent , et qu'ils sont ce qu'ils doivent être. S'il vient à s'éteindre , et qu'il n'y ait plus que corruption dans les cœurs, qu'avilissement dans les ames ; qu'une dépravation générale confonde et nivelle tout le monde, on voit à la moindre secousse s'écrouler ces frêles appuis des empires, sur lesquels les politiques romanciers

fondoient de si grandes et de si vaines espérances.

Rien ne contribua davantage au grand succès
de l'esprit des lois, sur-tout parmi les étrangers, que le tableau qu'on y trouve du gouvernement d'Angleterre. C'étoit encore là une
découverte toute nouvelle pour nous : personne, avant Montesquieu, n'avoit fait attention à la nature toute particulière de ce gouvernement, et n'en avoit aperçu si bien le
mécanisme. Pour lui, il a traité avec une
espèce de complaisance un sujet qui paroît
avoir ri à sa brillante imagination. On peut
dire qu'il y a déployé en entier son talent et
son cœur. Toutes les beautés éparses dans le
livre se trouvent réunies dans ce chapitre ;
tournures vives et piquantes, pensées fines et
ingénieuses, grandeur et élévation de sentiment, amour ardent d'une liberté bien réglée,
intelligence profonde des traits qui la caracté-
risent ; tout cela s'y rencontre : c'est, sans contredit, le morceau le plus accompli et le plus
original de l'esprit des lois.

Les Anglais eux-mêmes furent étonnés de
la sublimité de ce tableau ; ils avoient de la
peine à concevoir qu'un Français eût été capable de le tracer, et qu'un homme, né dans
un pays qu'ils regardoient comme celui de l'es-
clavage, leur eût fait remarquer dans leur

constitution, des avantages qu'ils n'y avoient pas eux-mêmes observés encore. On cite avec respect l'Esprit des Lois dans le parlement d'Angleterre.

En France Montesquieu eut le sort de tous ceux qui ont raison, c'est-à-dire, l'honneur de déplaire à tous les esprits extrêmes. A peine son livre avoit paru, que le nouvelliste ecclésiastique, qui faisoit alors quelque bruit, parce que sa feuille étoit une espèce de journal d'opposition, s'acharna contre lui, et prouva démonstrativement que c'étoit une production de la bulle *unigenitus*. La Sorbonne menaça long-temps de censurer un ouvrage, qui fournit les argumens politiques les plus forts, qu'on puisse faire en faveur de la religion; elle eut à la fin la sagesse de garder le silence.

Dans le parti contraire, Montesquieu étoit alternativement caressé ou censuré. Pour le venger du reproche qu'on lui faisoit du défaut de méthode, d'Alembert en entreprit l'analyse, et tenta vainement de soumettre les éclats de l'imagination, au compas de la géométrie.

Voltaire qui avoit, à ce qu'on prétend, des griefs personnels contre l'auteur de l'esprit des lois, ne le ménage qu'autant qu'il le croit utile aux intérêts du parti auquel il étoit attaché. Ainsi, en le défendant d'une main contre les attaques du nouvelliste ecclésiastique, il lui porte de l'autre des atteintes, sinon plus meurtrières, du moins plus piquantes que les siennes. La censure qu'il fait de ses principes et de son érudition est presque toujours très-amère; l'esprit des lois n'est pour lui que de l'esprit sur les lois.

Voltaire n'étoit pas le seul à montrer du dédain pour l'esprit des lois; il n'est pas mieux traité dans un petit ouvrage publié en 1789, sous le titre de *Lettres de M. Helvétius au président de Montesquieu, et à M. Saurin, relatives à l'aristocratie de la noblesse.*

Je ne connois ces lettres que par la notice qu'on en trouve dans le *Gentleman's Magazine* de janvier 1790. Le journaliste ne paroît pas avoir le moindre doute sur leur authenticité.

Montesquieu avoit communiqué son Esprit des Lois, en manuscrit, à Helvétius, qui en désapprouva les principes; se méfiant cependant de son propre jugement, il obtint la permission de le communiquer aussi à Saurin, l'auteur de Spartacus; homme, dit-on, d'un jugement solide et d'une véracité à toute épreuve. Saurin fut de l'avis d'Helvétius. Lorsque l'ouvrage parut, et qu'ils virent l'approbation générale avec laquelle il fut accueilli, ils gardèrent le silence par égard pour le public et pour la gloire de leur ami.

Voici quelques-unes des maximes qu'ils

mettoient en opposition avec celles de l'esprit des lois. Helvétius convenoit que les principes de Montesquieu pouvoient être applicables à l'état actuel des peuples ; mais un écrivain qui vouloit être vraiment utile au genre humain, devoit, suivant lui, porter ses regards vers un meilleur état de choses, et ne pas consacrer des préjugés par son suffrage, et les rendre par-là plus dangereux et plus difficiles à détruire. L'idée de la perfection, ajoutoit-il, n'est qu'un amusement pour les contemporains ; mais elle instruit la jeunesse, et la postérité en recueille les fruits. Si nos pères avoient eu le sens commun, se seroient-ils accommodés de nos principes de gouvernement, et auroient-ils adopté ces contrepoids compliqués de pouvoirs intermédiaires? L'exemple de l'Angleterre, disoit-il à Montesquieu, vous a séduit; mais je suis loin de regarder sa constitution comme parfaite. J'aurois trop à dire sur ce sujet . . . . . .

« Nos prêtres sont trop fanatiques et nos nobles trop ignorans pour devenir citoyens, et pour sentir tout ce qu'ils auroient à gagner en ne formant qu'une nation ; chacun voit bien qu'il est esclave, mais il vit dans l'espérance d'être despote à son tour..... Je ne connois que deux espèces de gouvernement, le bon et le mauvais ; le premier est encore à

naître ; l'autre consiste uniquement à trouver
les moyens de faire passer l'argent des gou-
vernés, dans la bourse du parti gouvernant. »

Dans une lettre à Saurin , Helvétius disoit
encore : « Quelle législation peut-il résulter de
» ce chaos barbare de lois que la force a établi,
» que l'ignorance a consacré et qui sera toujours
» contraire au bon ordre? Notre ami Montes-
» quieu ne gardera pas long-temps ses titres de
» sage et de législateur; il ne sera bientôt plus
» qu'un légiste, qu'un gentilhomme et qu'un bel
» esprit ».

Je laisse au lecteur le soin de prononcer entre
Montesquieu et ses adversaires. Les lumières ne
manquent pas pour cela aujourd'hui. Pour moi,
je me contenterai d'ajouter ici les réflexions
par lesquelles le journaliste Anglais termine son
article : «Nous nous réjouissons sincérement
» des progrès de la liberté française ; on ne sau-
» roit penser autrement, quand on a la gloire
» d'appartenir à une nation, qui a tant contribué
» à rendre ce nom de liberté respectable en Eu-
» rope ; mais il faut laisser aux Français le soin
» de digérer eux-mêmes le plan de leur liberté.
» L'on doit espérer que les efforts d'un siècle
» de lumière produiront une constitution bien
» supérieure à la nôtre, qu'ils affectent de re-
» garder comme une machine faite de pièces de
» rapport, et comme l'ouvrage du hasard et des
» circonstances ».

« Helvétius se trompe, cependant, en confon-
» dant la noblesse française avec la pairie d'An-
» gleterre. Que la chambre des pairs ne soit d'une
» utilité suprème dans notre constitution, c'est
» ce que personne ne contestera. Si les Français
» ne veulent point de chambre haute, à la bonne
» heure. Un philosophe ne peut que se réjouir de
» voir les états de l'Europe essayer de diverses
» formes de gouvernement, afin que si quel-
» qu'un d'entre eux vient à découvrir la meilleure
» de toutes, les autres puissent l'imiter. Mais
» Dieu préserve qu'une telle expérience se fasse
» dans ce pays ! » Il faut se souvenir que ceci
étoit écrit en 1790.

Cette prévention qu'avoient contre l'esprit
des lois, ceux qui désiroient de voir sortir du
sein de l'avenir, cette excellente espèce de gouvernement, qu'Helvétius croyoit y être recélée,
étoit très-bien fondée. Outre que l'esprit des
lois ne renferme que très-peu d'idées de politique ou de jurisprudence-pratique, et qu'il
n'y en a pas qui pussent servir d'élément à un
système tout neuf de législation, son auteur
étoit loin de vouloir troubler l'ordre établi.
Sa pensée n'alla jamais jusqu'à conseiller ou
même à désirer une refonte générale des lois. Il
s'en faut qu'il approuve l'idée de les rendre uniformes.

Il va jusqu'à faire une espèce d'apolo-
gie de ce que tous les gens éclairés et impar-

tiaux étoient d'avis de condamner dans l'ancienne législation; savoir, la vénalité des charges et la procédure secrète. Montesquieu étoit donc plus routinier qu'on ne devoit le croire d'un écrivain, qui paroissoit quelquefois si osé. Son ouvrage ne fut utile aux novateurs, qu'en ce qu'il contribua à éveiller l'imagination des hommes, sur des matières inconnues auparavant à la plupart d'entre eux ; et plus les impressions qu'il y faisoit étoient confuses, mieux elles servoient au but où l'on se proposoit d'arriver.

CHAPITRE XXVII.

Continuation du même sujet. Du traité des délits et des peines.

Le désir de l'innovation se manifeste bien d'avantage dans le Traité des *délits et des peines*, de Beccaria, dont la réputation égala peut-être dans le temps celle de l'esprit des lois, mais qui est bien plus déchue aujourd'hui. Cet écrivain, en choisissant un sujet qui tient à ce que les hommes ont de plus cher, et en le traitant avec une emphase métaphysique, que beaucoup de gens prennent pour de l'éloquence, ne pouvoit manquer de produire un grand effet.

Son ouvrage fut reçu avec transport de toute l'Europe. On commença à croire qu'elle n'avoit été gouvernée jusqu'alors que par des lois oppressives, et que ses tribunaux n'étoient peuplés que de bourreaux.

Ce n'étoit cependant pas dans les lois criminelles du pays où il écrivoit, que l'auteur pouvoit trouver de quoi justifier ses imputations. Si l'on avoit quelques reproches à leur faire, ce n'étoit pas celui de la dureté et de la barbarie, mais plutôt de mettre trop d'indulgence et de lenteur, dans la poursuite des délits même les plus graves. Il n'y avoit peut-être que la législation criminelle de la France, qui, par la sévérité de ses formes et l'atrocité de quelques-unes de ses peines, méritât la censure des vrais amis de l'humanité. Dans les lieux où l'on suivoit la loi romaine, la justice criminelle y reposoit sur des principes si équitables, qu'il n'y avoit que bien peu de chose à redire.

Le Traité des délits et des peines a peut-être contribué à affoiblir une vérité, triste si l'on veut, mais que le législateur doit avoir toujours présente à la pensée, que la société renferme dans son sein une masse d'hommes, sur qui la civilisation n'a jamais pu avoir d'empire, et qui cherchant sans cesse à briser le joug salutaire des lois, voudroient vivre dans une anarchie, dont les profits ne fussent que pour eux. A quelque époque que l'on remonte, dans quelque pays que l'on porte ses regards, l'on trouve que cet ennemi de l'ordre social a existé; que ses intentions criminelles s'y sont manifestées plus ou moins ouvertement, suivant que les circonstances le lui ont permis; et qu'on n'est parvenu à le contenir que par le moyen des échafauds et des supplices.

Peu s'en faut que le Traité des délits et des peines ne représente, comme des opprimés, ceux que la sureté publique exige qu'on détienne dans les prisons ou dans les galères. Il excita dans les cœurs une imprudente sensibilité, et il en dirigea l'intérêt vers une classe à laquelle l'on doit sans doute les égards que mérite l'humanité, même dans ses plus honteuses dégradations; mais dont ne sauroit méconnoître les funestes desseins, sans compromettre le salut de la société entière.

Le succès du Traité des délits et des peines fit croire à beaucoup de gens de lettres, à ceux même pour qui la science des lois étoit absolument étrangère, qu'avec de l'esprit et de l'imagination, on pouvoit devenir les réformateurs de l'Univers. On vit éclore, comme il arrive toujours, une foule d'imitateurs, qui, en copiant les erreurs de leur modèle, restèrent fort au-dessous de son talent. L'exemple et l'expérience du passé furent entièrement mis de côté;

il falloit nécessairement rebâtir l'édifice de la sociabilité sur un plan tout nouveau, et le composer de matériaux inconnus auparavant. C'étoit une législation idéale, qu'on vouloit donner à une espèce idéale aussi. En garrottant les hommes de lois de préjugés, d'opinions, de coutumes, de religions, on avoit comprimé l'essor de leurs facultés, et empêché la tendance qu'elles ont vers la perfectibilité. Il falloit donc briser ces chaînes de la vétusté, et rendre à l'esprit humain sa liberté native. Telles furent à-peu-près les conséquences que l'on tira de ces nouveaux systèmes, et les effets que produisit l'oubli des principes de la vraie jurisprudence.

CHAPITRE XXVIII.

Du code de Frédéric II.

TANDIS que des esprits téméraires et imprévoyans croyoient travailler pour la félicité des races futures, en se livrant à toute l'exagération de leurs idées, il se trouva en Europe des souverains qui, faisant un usage sobre et prudent des lumières de leur siècle, surent les faire tourner à l'avantage de leurs sujets.

Je ne doute point que ce ne soit la lecture de l'esprit des lois, qui ait fait naître, à Frédéric II, l'idée de réformer la jurisprudence et la procédure de ses Etats ; elles en avoient un extrême besoin, à en juger par ce qu'il en dit lui-même dans plusieurs de ses ouvrages.

Il en parle assez au long dans une dissertation qui est à la suite des mémoires pour servir à l'histoire de la maison de Brandebourg, sur les raisons de rétablir ou d'abroger les lois. Il y fait un tableau raccourci des principales législations anciennes et modernes. Les faits sont en général très-inexacts (1) ; mais les observations ne manquent pas de justesse et de sagacité ; ce qui prouve que son jugement naturel valoit mieux que ses connoissances acquises. Comme il y a quelques-unes de ces observations, qui concernent la manière de rédiger un système général de jurisprudence, je crois qu'elles ne seront pas déplacées ici.

« Un corps de lois parfaites, seroit, dit-il, » le chef-d'œuvre de l'esprit humain, dans ce » qui regarde la politique du gouvernement. On » y remarqueroit une unité de dessein et de » règles si exactes et si proportionnées, qu'un

---

(1) Je ne sais, par exemple, où il avoit pris que Louis XIV avoit fait rédiger toutes les lois, depuis Clovis jusques à lui, dans un corps qu'on appela le Code Louis.

» état

» état conduit par ces lois ressembleroit à une
» montre, dont tous les ressorts ont été faits pour
» un même but : on y trouveroit une connois-
» sance profonde du cœur humain et du génie
» de la nation; les châtimens seroient tempérés,
» de sorte qu'en maintenant les bonnes mœurs,
» ils ne seroient ni légers, ni rigoureux. Des
» ordonnances claires et précises ne donne-
» roient jamais lieu au litige ; elles consisteroient
» dans un choix exquis de tout ce que les lois
» civiles ont de meilleur, et dans une appli-
» cation ingénieuse et simple de ces lois aux
» usages de la nation ; tout seroit prévu, tout
» seroit combiné, et rien ne seroit sujet à des
» inconvéniens ; mais lès choses parfaites ne sont
» pas du ressort de l'humanité.

» Les peuples auroient lieu d'être satisfaits,
» si les législateurs se mettoient, à leur égard,
» dans les mêmes dispositions d'esprit où étoient
» ces pères de famille, qui donnèrent les pre-
» mières lois. Ils aimoient leurs enfans ; les ma-
» ximes qu'ils leur prescrivoient n'avoient d'ob-
» jet que le bonheur de leur famille.

» Peu de lois sages rendent un peuple heu-
» reux ; beaucoup de lois embarrassent la juris-
» prudence. Par la raison qu'un bon médecin
» ne surcharge pas ses malades, le législateur
» habile ne surcharge pas le public de lois super-
» flues. Trop de médecines se nuisent et empê-

» chent réciproquement leurs effets ; trop de
» lois deviennent un dédale, où les juriscon-
» sultes et la justice s'égarent ».

Il ne se dissimuloit pas les dangers d'une réforme absolue et trop précipitée, des lois même
qui semblent les plus déraisonnables. Il dit qu'il
y a plusieurs lois auxquelles les hommes sont attachés, parce qu'ils sont la plupart des animaux
d'habitude ; et que, quoiqu'on pût leur en substituer de meilleures, il seroit peut-être dangereux d'y toucher. La confusion que cette réforme mettroit dans la jurisprudence, feroit peut-
être plus de mal que les lois ne produiroient de
bien.

« Cela n'empêche cependant pas, ajoute-t-il
» ensuite, qu'il n'y ait des cas où la réforme
» semble absolument nécessaire ; c'est lorsqu'il
» se trouve des lois contraires au bonheur pu-
» blic et à l'équité naturelle ; lorsqu'elles sont
» énoncées en termes vagues et obscurs ; et lors
» enfin qu'elles impliquent contradiction dans le
» sens et dans les termes ».

Après avoir fait quelques réflexions sur l'excès d'atrocité de quelques lois criminelles modernes, et sur-tout de celles de la France, qu'il
prétend être d'*une rigueur terrible,* il passe aux
règles de la procédure civile.

« Il est encore un article, dit-il, qui doit être
» compris sous l'obscurité des lois, c'est la pro-

» cédure et le nombre d'instances que les plai-
» deurs ont à parcourir , avant que de terminer
» leurs procès. Que ce soient de mauvaises lois
» qui leur fassent injustice ; que ce soient des
» plaideurs artificieux qui obscurcissent leurs
» droits, ou que ce soient des longueurs qui, ab-
» sorbant le fond du litige, leur fassent perdre
» les avantages qui leur sont dus ; tout cela re-
» vient au même : l'un est un mal plus grand que
» l'autre ; mais tous les abus méritent réforme.
» Ce qui alonge les procès donne un avantage
» considérable aux riches sur les plaideurs qui
» sont pauvres ; ils trouvent le moyen de tra—
» duire le procès d'une instance à l'autre ; ils
» mattent et ruinent leur partie ; et ils restent
» à la fin les seuls dans la carrière ».

Tel fut l'esprit dans lequel Frédéric entreprit
la réformation de la justice. Elle ne fut pas telle
que sembloient le promettre de si heureuses
dispositions. La plus utile fut celle de la procédure , dont il réduisit beaucoup les formes , et
sur-tout les degrés multipliés de jurisdiction,
qu'il falloit parcourir dans chaque affaire.

Quant à la jurisprudence , il chargea de la rédaction d'un code son chancelier Coccéius,
connu par plusieurs ouvrages sur le droit romain.
Coccéius fit un abrégé de ce droit, qui fut publié
sous le nom de *Code-Frédéric*. Nous en avons
une traduction française, faite dans le temps, en

3 vol. *in*-8.° Un code si abrégé, succédant à des lois aussi volumineuses qu'étoient celles de la Prusse, se trouva nécessairement insuffisant ; aussi paroît-il qu'il ne fut d'aucune utilité, et qu'il resta même sans exécution.

Le peu d'effet qu'avoit produit cette première réforme et des prévarications sans nombre qu'on reprocha aux juges de son royaume, obligèrent Frédéric à reporter son attention sur cette matière, vers la fin de son règne. Il écrivit, à ce sujet, une lettre à M. Carmer, qui étoit alors son chancelier, et dans laquelle on s'aperçoit que ses vues s'étoient agrandies. Ses projets se réduisent à trois chefs principaux ; 1.° à mettre les colléges de justice sur un meilleur pied, en n'y admettant que des sujets d'une capacité et d'une probité reconnues ; 2.° à purger la procédure de toutes les formalités de justice, pour rendre les jugemens plus faciles et plus prompts ; 3.° à réunir les lois éparses jusqu'alors dans une infinité de volumes, à en déterminer le sens clair et précis.

Il falloit que la première réforme eût été bien peu de chose, si on en étoit encore là. Frédéric forma une commission, sous la présidence du chancelier Carmer, pour travailler d'après le plan qu'il avoit tracé, dans la lettre dont je viens de parler.

L'on avoit ignoré, jusqu'à présent, quel avoit

été le résultat de ses travaux. Ce n'est qu'à l'oc‑
casion du code civil de France, qu'on s'en est
souvenu; encore n'est-on pas bien d'accord dans
les rapports qu'on en fait. Celui qui paroît nous
en donner les nouvelles les plus positives est
le citoyen Rehmann, juge au tribunal de révi‑
sion établi à Trèves, pour les quatre nouveaux
départemens situés sur la rive gauche du Rhin.
Ce magistrat, dans une lettre insérée au Mo‑
niteur du 11 messidor an 9, assure que le code
de Coccéius n'a jamais été qu'un projet; que la
commission établie en 1783, sous la présidence
du chancelier Carmer, et qui avoit invité tous
les jurisconsultes, tous les philosophes de l'Eu‑
rope à lui communiquer leurs idées en législa‑
tion, en leur promettant des récompenses géné‑
reuses, a produit deux chefs-d'œuvres;

1.º Un projet de code civil, qui a paru en
1784;

2.º Un code civil basé sur les idées les plus
libérales, dont il y a eu deux éditions, l'une
en 1792, et l'autre en 1794.

C'est ce dernier, suivant toujours le C.ᵉⁿ Reh‑
mann, qui a force de loi en Prusse, et qui mé‑
riteroit d'être connu en France. On le nomme
exclusivement le *Code Prussien.*

Si cela est ainsi, comme on ne peut guères
en douter après un témoignage aussi exprès,
l'on doit être étonné, que parmi tant de gens

qui connoissent l'allemand, et qui nous tra-
duisent des romans, et tant d'autres ouvrages,
dont nous pourrions nous passer à la rigueur,
il n'en est aucun qui ait eut l'idée de nous
donner ces chefs-d'œuvre enfantés en 1792
et en 1794 ; productions d'autant plus pré-
cieuses, qu'il est très-extraordinaire de voir
paroître deux chefs-d'œuvre à la fois dans un
genre, qui n'en connoissoit pas encore.

Il y a outre cela, en Prusse, le code *Fré-
déricianus*, fait en 1781, pour régler seulement la procédure.

CHAPITRE XXIX.

Continuation du même sujet. Notice du dernier code prussien.

J'AVOIS déjà écrit ce que l'on vient de lire
dans le chapitre précédent, lorsque j'ai eu
occasion de voir des fragmens du dernier code
prussien. Le ministre de la justice qui, plein
d'un zèle éclairé pour la gloire et le bonheur
de son pays, cherche avec un empressement
admirable à recueillir les pensées utiles, par-
tout où la renommée ou ses propres lumières
les lui indiquent, a voulu réparer l'oubli de

nos littérateurs, en faisant traduire ce code, par les membres du bureau de législation étrangère attaché à son ministère.

On voit, par l'avant - propos de cette traduction, que le travail de la commission nommée en 1780, sous la direction du chancelier Carmer, fut communiqué d'abord au public, sous la forme d'un simple projet; les diverses parties en furent ensuite publiées en 1784 et en 1786. Le chancelier s'exprimoit, en cette occasion, de la manière suivante : « Ce livre » concerne les intérêts les plus importans du » public : il est donc juste de rassembler les » voix sur sa rédaction ; il est d'ailleurs, parmi » les étrangers, des hommes d'un très - grand » mérite, versés dans l'étude de la législation, » auxquels je ne saurois m'adresser directe- » ment, et des lumières desquels je désirerois » profiter. ... Je remets ce projet d'un code » général des Etats de la monarchie prussienne, » entre les mains du public, invitant et pres- » sant tous les membres de la république des » lettres, tant régnicoles qu'étrangers, de lui » faire subir un examen sincère, rigoureux et » entièrement libre. »

Ce code fut adopté définitivement en 1791, et promulgué de nouveau, avec quelques additions, par lettres patentes de Frédéric Guillaume, en date du 5 février 1794.

« Il paroît au moins, autant qu'on en peut juger d'après une traduction, et par quelques fragmens isolés encore, que ce code mérite une partie des éloges que lui donne le C.^{en} Rhemann ; mais ce n'est certainement pas un chef-d'œuvre. Ce qui doit cependant être remarqué, dans les circonstances actuelles, c'est la grande circonspection qu'on a mise à sa publication, et les précautions que l'on a prises pour prévenir la confusion et les désordres, qui auroient été la suite inévitable d'un rapprochement trop subit du droit ancien et du droit nouveau.

« Une attention qui n'est pas moins louable, c'est d'avoir respecté les coutumes locales, et de n'avoir porté la réforme que sur les points généraux de jurisprudence. On ordonne bien que les coutumes locales seront aussi réformées, et qu'on en fera, autant qu'il sera possible, une coutume générale ; mais on ne veut arriver à ce résultat utile, qu'après un examen lent et réfléchi.

Il paroît bien qu'on a eu la prétention de rédiger ce code de la manière que j'ai dite plus haut, dans le chapitre où il est question de la rédaction des lois, et qu'on a voulu en renfermer les dispositions dans des axiomes ou des maximes générales, et donner des définitions de tous les mots techniques qu'on employoit.

La rédaction en maximes générales tient déjà de la sécheresse géométrique, et elle exige, pour être comprise, une grande contention d'esprit; il faut donc que la concision du style, loin de nuire à la clarté de la maxime qu'on expose, serve au contraire à lui donner plus d'éclat et d'évidence; c'est ce qu'ont fait d'une manière admirable les auteurs français que j'ai cités plus haut, comme des modèles d'une telle rédaction; et même les livres du droit romain, dans un grand nombre de règles générales qu'ils renferment.

Le code prussien est loin d'avoir atteint à ce degré de perfection. Les définitions, comme les règles qu'on y trouve, sont presque toujours noyées dans une surabondance de mots, et enveloppées d'une certaine tournure métaphysique, qui tient sans doute du génie de la langue allemande, mais qui fait sur les idées le même effet, qu'un brouillard sur les objets matériels qu'il enveloppe; et c'est là un très-grand défaut dans un code de lois, dont l'intelligence ne sauroit être à la portée de trop de lecteurs. Ce code prussien paroît être l'algèbre de la jurisprudence.

Au reste, à l'exception près de ce qui concerne les usages locaux, il n'est en général que le droit romain tourné en allemand. Il faut, quoiqu'on fasse, puiser à cette source, quand on ne veut pas être absurde. Or il nous est libre d'y prendre directement les règles qui peuvent nous être nécessaires, sans chercher à les avoir de la seconde main.

Il faut nécessairement que je justifie, par des exemples, le jugement un peu sévère que je porte d'un code annoncé avec emphase, et qu'on suppose être le produit des lumières réunies des philosophes et des jurisconsultes les plus instruits de l'Europe. Le public sera bientôt en état de le juger.

Je vais prendre au hasard quelques - unes des définitions et des maximes qu'il renferme, et en les rapprochant de celles du droit romain, d'où elles ont été copiées, je ferai voir combien ces dernières sont plus claires et plus précises, et sur-tout plus raisonnables.

Le droit romain veut que les juges n'aient pas d'autre règle de leur détermination, que la disposition de la loi ; il rend cette maxime, en disant, que c'est d'après la *loi, et non d'après les exemples que l'on doit juger* (1).

Dans le code prussien on s'exprime ainsi : « On n'aura à l'avenir aucun égard dans les

______

(1) Il faut rapporter le texte original, parce que le français ne peut le rendre avec assez de précision : *nec exemplis, sed legibus judicandum est*; leg. 13 , *cod. de Sentent.*

» jugemens, aux opinions des jurisconsultes,
» et aux anciens arrêts des tribunaux » (1).

Il n'y a personne qui ne doive sentir la différence des deux rédactions. Outre la prolixité de la dernière, elle a encore quelque chose d'injuste et de déraisonnable. La loi romaine, en voulant que dans les jugemens on se décide d'après la loi, et non d'après les exemples, n'empêche pas qu'on ne consulte les jurisconsultes et les anciens jugemens, ce qui est quelquefois nécessaire pour connoître le vrai sens de la loi ; et c'est ce que la rédaction prussienne semble prohider entièrement. La tournure de la loi romaine est bien plus législative que celle de l'autre.

Il en est de même de la règle qui s'oppose à la rétroactivité des lois; il y a trois articles pour cela dans le code prussien (2). Le droit romain les comprend tous, en disant : *que les lois ne statuent que sur l'avenir, et jamais sur le passé* (3).

Lorsqu'il n'y a pas de loi positive sur le cas qu'on a à décider ; il faut, dit la loi romaine, se régler d'après les lois qui y ont le plus de

---

(1) *Introd. n.º* 8.

(2) *Ibid. n.º* 18, 19, 55.

(3) *Leges futuris dant formam negotiis, non ad fata preterita revocantur. Leg.* 7, *cod. de leg.*

rapport (1). Voici comment le code prussien délaye cette règle : « Si le juge ne trouve au-
» cune loi qui puisse servir à la décision de
» l'espèce en litige, il doit, *après avoir mû-*
» *rement délibéré*, prononcer suivant les prin-
» cipes généraux établis dans le code des lois,
« et d'après les ordonnances rendues pour des
» circonstances semblables. (2) »

Le même vague et la même obscurité rè-
gnent dans les articles concernant l'abrogation des lois. Le droit romain avoit dit, *qu'une loi que tout le monde s'accordoit pour ne plus observer, étoit abolie par désuétude* (3) ; et c'est une maxime évidente. Le code prussien n'est pas de cet avis : « Les simples usages,
» les opinions des jurisconsultes, les ordon-
» nances rendues pour des cas particuliers, ne
» peuvent pas plus abroger les lois existantes,
» qu'elles n'en peuvent introduire de nou-
» velles (4). On n'a jamais rien dit de plus faux
en législation. Le peuple qui est par-tout, ou
qui est censé être le législateur suprême, éta-

---

(1) *Ad similia leges trahuntur, si eadem sit utilitas vel interpretatio.* Leg. 13, *dig. de legib.*

(2) *Ibid.* 53.

(3) *Leges vero tacito consensu omnium per desuetu-dinem abrogantur.* Leg. 32, *digest. de legib.*

(4) *Ibid. aut.* 64.

blit ou abroge les lois , par un consentement tacite, comme par un consentement exprès , ainsi que je l'ai fait voir dans le chapitre premier de cet ouvrage.

Il est question aussi des droits de l'homme dans le code prussien. « Les droits de l'homme, » dit-on, procèdent de sa naissance, de son » état, et d'actions ou circonstances auxquelles » les lois ont donné un effet déterminé. (1) »

Il faut laisser à ceux qui, parmi nous, ont si bien commenté ces droits fameux, le soin de nous dire ce que cet article signifie.

Le droit romain , qui étendoit sa prévoyance sur tout, réputoit *nés, les enfans encore dans le sein de leur mère, lorsqu'il s'agissoit de quel-qu'avantage pour eux* (2).

Le code prussien emploie trois articles pour exprimer ce que le droit romain dit dans une ligne. Le premier de ces articles est ainsi conçu : « Les droits communs de l'humanité appartien— » nent aux enfans qui ne sont pas nés, à comp— » ter du moment de leur conception (3). »

Qu'est-ce que les droits communs de l'humanité ? Comment peut-on les appliquer à des

---

(1) *Ibid. aut.* 89.

(2) *Pro superstite habetur is qui in uteo est. leg.* 7, *digest. de ventr. in possess. mitt.*

(3) *Part.* 1, *tit. des person. aut* 10 *et suiv.*

enfans qui ne sont pas nés? Il étoit très-inutile d'ajouter : *à compter du moment de leur conception*. Avant ce moment, ce n'étoient point des enfans ; ils ne l'étoient pas même après, jusqu'à l'instant de leur naissance. Le droit romain ne confond pas ces diverses positions.

Il nous seroit aisé de multiplier encore nos observations. Il y a peu d'articles qui n'en soient susceptibles. Les définitions sont en général aussi défectueuses et aussi obscures que les dispositions législatives. Avant de finir, il faut que je relève encore l'énonciation de l'article 102 de l'introduction. « Lorsque le droit de l'un s'op- » pose à l'exercice du droit de l'autre, le droit » moindre doit céder au plus fort ».

On ne pourra pas accuser cette maxime d'être nouvelle ; de tous les temps, les prérogatives du droit du plus fort se sont fait reconnoître ; mais ce n'est pas pour en assurer l'empire, que les lois ont été faites, mais bien au contraire.

Les traducteurs du code prussien observent que le titre des personnes qui, dans la première édition, avoit été placé avant celui des choses, a été mis après dans la dernière. Cela donne une foible idée du jugement des rédacteurs ; car les choses n'étant que pour l'usage des personnes, il faut commencer par connoître celles-ci avant de parler des autres. On ne trouve, dans aucun code, une marche différente. C'est la manie de donner du neuf et d'avoir l'air de mettre quelque chose du sien, dans des sujets si rebattus, qui porte à ces puériles innovations.

La France n'auroit donc pas à gagner beaucoup d'avoir un code enveloppé de si épais nuages. Ce seroit, comme je l'ai remarqué ailleurs, une riche proie pour les commentateurs. Que de volumes il faudroit écrire, pour rendre intelligibles et mettre à la portée du commun ces maximes obscures, prolixes et entortillées ! Quand on est aussi riche qu'est la France de ses propres fonds, qu'a-t-elle besoin de ces friperies étrangères? Serons-nous toujours ces aveugles qui bâtissoient Chalcédoine, ayant Bisance devant les yeux ? C'est le cas, ou jamais, de dire :

O sua si bona norint !

CHAPITRE XXX.

Du code de Catherine II, impératrice de Russie.

Frédéric II ne fut pas le seul souverain de son temps qui s'occupa de la réformation des lois ; l'impératrice de Russie, Catherine II, qui parut vouloir être sa rivale en toute sorte de gloire, et

qui l'a bien surpassé dans l'art difficile de régner, entreprit aussi de donner un code à ses sujets. L'exécution d'un semblable projet présentoit plus de difficulté en Russie qu'en Prusse, vu l'immense étendue de cet empire et la variété infinie des mœurs et des usages des peuples qu'il renferme. Catherine fit plus que Frédéric; elle se chargea elle-même d'établir les bases de son code. L'instruction qu'elle donna à la commission chargée d'y travailler, parut traduite en français, en 1769. Voici ce qu'en dit l'auteur du nouveau dictionnaire des arrêts (1). « J'ai de-
» mandé au prince Youssoupoff, chambellan de
» l'impératrice, qui avoit été le rédacteur de
» l'instruction adressée à la commission établie,
» pour travailler à l'exécution du projet d'un
» nouveau code de lois. Elle-même, m'a-t-il dit,
» elle seule ; je l'ai vu. Elle craignoit les préjugés
» nationaux et l'ignorance étrangère. Appuyée,
» d'une main, sur Montesquieu, et de l'autre
» sur Beccaria, elle n'a voulu consulter que l'hu-
» manité, la raison, la justice, la bienfaisance
« et son cœur. Arrachée au sommeil dès les
» quatre heures du matin, elle s'occupoit de
» cette grande et précieuse compilation. L'ins-
» truction, écrite de sa main, a été déposée
» dans le maître-autel de la cathédrale de Saint-

____

(1) Vo. administration.

» Pétersbourg ,

» Pétersbourg, renfermée dans une boîte d'or,
» sur laquelle est figuré Moïse, recevant de Dieu
» les tables de la loi ».

Cette entreprise d'un souverain, et sur-tout
d'une femme, de devenir la législatrice d'une
grande nation, méritoit bien qu'on cherchât à
l'embellir de quelques circonstances merveil-
leuses.

J'ai lieu de croire qu'il y a de l'exagération
dans le récit que je viens de copier. Je n'ai pas,
à la vérité, parlé à des chambellans de cette
princesse ; mais un français, très-digne de foi,
qui se trouvoit alors à Saint-Pétersbourg, m'a
assuré que c'étoit un imprimeur de notre nation, établi en cette ville, qui avoit fourni à
l'impératrice, les passages de Montesquieu et
de Beccaria, qui font à-peu-près tous les frais
de son instruction. Ce qu'elle y a ajouté du sien
n'est pas bien considérable ; ce n'est cependant
pas le plus mauvais ; car il n'y a guères que cela
qui fût susceptible d'être mis en pratique : le
reste n'étoit que pure théorie.

Son premier objet est d'unir la législation et
la morale, pour qu'elles se prêtent un appui mutuel. « La religion chrétienne, dit-elle en com-
» mençant, nous enseigne de nous faire, les
» uns aux autres, tout le bien possible.

» Si nous envisageons ce précepte de notre
» sainte religion, comme une règle déjà gravée

» dans le cœur de toute une nation, ou tout au
» moins destinée à l'être, il doit en résulter né-
» cessairement que le vœu de tout digne mem-
» bre de la société, est ou sera, de voir sa patrie
» s'élever au plus haut degré de prospérité, de
» gloire, de tranquillité et de bonheur ».

Les principes de sa législation sont puisés
dans l'humanité la plus éclairée, et la respirent
par-tout. Ce fut sans doute un spectacle bien
extraordinaire et unique dans les annales du
genre humain, de voir une princesse toute puissante, et revêtue, par le droit de sa naissance et
les usages de son pays, d'une autorité illimitée,
en faire, en quelque sorte, la solennelle abdication, et proclamer elle-même les principes
d'une sage liberté, qu'on a violés ailleurs, avec
tant d'impudence et d'atrocité, en feignant de
les soutenir.

Tout, dans ses lois, tend à affoiblir le despotisme, et à rendre respectable une juste autorité. Elle se propose d'établir une législation
solide et non arbitraire.

Tout son plan est formé de manière à empêcher, de la part de tous ceux qui gouvernoient
sous ses ordres, les coups d'autorité, en les
soumettant à des lois invariables, que personne
n'ait le pouvoir d'enfreindre.

L'esprit de la nation, la nation elle-même
doivent être consultés dans la confection des lois.

Ces lois ne doivent être considérées que comme un moyen de conduire les hommes au plus grand bonheur.

Il faut, dit-elle, adoucir le sort de ceux qui vivent dans la dépendance.

La *liberté* et la *sûreté* des citoyens doivent être les grands et précieux objets de toutes les lois ; elles doivent toutes avoir pour but, de rendre la vie, l'honneur et les biens, aussi assurés, aussi fermes que la constitution de l'état même.

La liberté des sujets ne doit être restreinte que sur ce qui leur seroit désavantageux de faire.

Dans les causes purement civiles, les lois doivent avoir une telle clarté et une telle précision, que les jugemens qui en résultent soient toujours d'une parfaite uniformité, dans les mêmes cas, sans être jamais en contradiction, pour éloigner cette *jurisprudence des arrêts*, qui est si souvent une source d'incertitudes, d'erreurs ou d'injustices, selon qu'une cause a été bien ou mal défendue, dans un temps ou dans un autre; gagnée ou perdue, selon le crédit et les circonstances.

Ses principes sur la justice criminelle ne sont pas moins admirables. En voici quelques-uns.

Il vaut incomparablement mieux, suivant elle, prévenir les crimes que les punir.

Défendre une infinité de choses indifférentes en morale, ce n'est pas empêcher les crimes qui peuvent en être la suite ; c'est en créer de nouveaux.

La vie du moindre citoyen est considérable, et personne ne doit en être privé, que lorsque la patrie elle-même l'attaque ou l'exige.

On doit ménager la liberté individuelle en se rendant difficile sur les emprisonnemens.

C'est un malheur du gouvernement de se voir contraint de faire des lois trop sévères.

Elle ne veut pas qu'un accusé soit livré au torrent des opinions d'un tribunal composé de juges ou ignorans ou prévenus. Elle prétend qu'il doit avoir le droit de concourir à leur choix, ou du moins, qu'il en puisse récuser un si grand nombre, que ceux qui restent soient censés être de son choix.

Tout ce qu'elle dit sur les peines renferme le même sens, la même justice, la même humanité.

L'amour du bien l'emporte cependant quelquefois au-delà des bornes. « Il faut, dit-elle,
» que les lois soient écrites en langue vulgaire,
» et que le code, qui contiendra toutes les lois,
» forme un livre d'un volume moyen, qu'on
» puisse acheter à bas prix, comme un catéchis-
» me ; car tant que le citoyen ne pourra connoî-
» tre, par lui-même, les suites de ses propres

» actions sur sa personne et sur sa liberté, il de-
» meurera esclave d'un certain nombre d'hom—
» mes, dépositaires et interprétes des lois. Les
» crimes seront d'autant moins fréquens, que le
» texte sacré des lois sera lu et entendu d'un
» plus grand nombre d'hommes. C'est pourquoi
» l'on ordonnera que, dans les écoles, les lec—
» tures qu'on fera faire soigneusement aux en-
» fans soient réglées de façon, que les livres qui
» traitent de la religion, et les livres qui traitent
» des lois se succèdent alternativement (1)».

L'idée de réduire le code à un volume moyen,
qu'on peut acheter à bas prix, comme un caté-
chisme, m'a paru autrefois admirable; mais je
suis bien revenu de cette illusion, comme de
tant d'autres, quand des réflexions plus mures
m'ont démontré l'impossibilité de faire une pareille réduction dans les lois d'un grand peuple,
et d'en mettre l'intelligence à la portée de tout
le monde.

Frédéric II, qui avoit, dans cette partie, une
expérience qui manquoit encore à Catherine,
lui donne, à ce sujet, des avis très-sages, dans
une lettre où il la remercie de la faveur qu'elle
lui avoit faite, en lui communiquant son ouvrage sur les lois.

« Permettez-moi de vous dire, ajoute-t-il,

_____

(1) Instruct. art. 158, pag. 44.

» que c'est un commerce qui a peu d'exemple
» dans le monde, et j'ose dire, Madame, que
» votre Majesté est la première impératrice qui
» ait fait de tels présens, que celui que je viens
» de recevoir. Les anciens Grecs, qui étoient
» tous appréciateurs du mérite, divinisoient les
» grands hommes, en laissant la première place
» aux législateurs, qu'ils jugeoient être les véri-
» tables bienfaiteurs du genre humain......

.... » Je comprends que chaque pays demande des
» considérations particulières, qui exigent que
» le législateur se prête au génie de la nation, de
» même que le jardinier s'accommode à son ter-
» rain. Il y a des vues que votre Majesté se con-
» tente d'indiquer, et sur lesquelles sa prudence
» l'empêche d'insister. Enfin, Madame, quoi-
» que je ne connoisse pas à fond le génie de la
» nation que vous gouvernez avec tant de gloire,
» j'en vois assez pour me persuader que, s'ils se
» gouvernent par vos lois, ils seront les peuples
» les plus heureux du monde ; et puisque votre
» Majesté impériale veut savoir tout ce que je
» pense sur cette matière, je crois le lui devoir
» dire naturellement.

» C'est, Madame, que les bonnes lois, faites
» sur les principes que vous avez tracés, ont be-
» soin de Jurisconsultes pour être mises en exé-
» cution dans vos vastes Etats ; et je crois, Ma-
» dame, qu'après le bien que vous venez de faire

» dans la législation, il vous en reste encore un,
» qui est une académie de droit, pour y former
» les personnes destinées au barreau, tant juges
» qu'avocats. Quelque simples que soient des
» affaires compliquées, il survient des cas liti-
» gieux où il faut tirer la vérité du fonds du puits,
» lesquelles demandent des avocats et des juges
» exercés pour les débrouiller ».

Le lecteur est peut-être impatient de savoir
quel fut le résultat des grands desseins de Catherine et le succès du code, dont elle avoit ordonné
la composition. Le seul que je sache, qui en ait
donné des nouvelles, est Linguet, dans son Journal de politique et de littérature.

Ce code auquel on travailloit depuis 1766, fut,
à ce qu'il rapporte, publié à Saint-Pétersbourg
au commencement de 1775.

L'impératrice, ajoute-t-il, rend compte des
mesures qu'elle a prises, et des changemens
qu'elle a été obligée de faire dans les départemens déjà existans pour l'administration de la
justice. Elle les a augmentés, diminués ou réunis, suivant le nombre ou la diversité des affaires. Chaque province, chaque district même,
fournira différens sujets, nobles, lettrés, propriétaires, cultivateurs, négocians, artisans,
pour l'administration de la justice de chaque dé-
partement. Chaque district sera divisé en plusieurs départemens, qui entretiendront une cor-

respondance, du moindre au plus considérable ;
celui-ci sera en relation directe avec l'une des
deux capitales , qui formeront deux grands départemens particuliers , qui ressortiront directement au trône.

Il y a un article auquel le peuple applaudit sin-
gulièrement ; il porte : *Qu'il n'y aura que le
vice connu qui sera un titre d'exclusion à l'honneur de la magistrature.* La différence de religion, d'origine , d'état, n'y sera comptée pour
rien. Il suffira d'être sujet de l'empire pour pouvoir aspirer aux places de magistrature.

Les punitions sont modifiées. La peine de
mort sera très-rare. La perte de l'honneur, de la
liberté, les travaux publics seront la peine réservée au crime.

Le pouvoir de juge sera limité à la lettre de la
loi. Il lui est défendu expressément d'y ajouter
ou d'y retrancher. Le sens propre sera sa règle (1).

On veille sur-tout à la sureté de l'accusé , qui

---

(1) Linguet observe à ce sujet que la défense de rien
ajouter au sens de la loi a lieu dans tous les gouvernemens sans exception, et qu'elle n'a été encore respectée
nulle part ; elle est sur-tout consignée, dans l'énorme
compilation de Justinien, et jamais recueil n'a donné
lieu à plus d'interprétations et de commentaires. C'est
que le bon sens dicte la défense, et que les conjonctures,
les passions motivent les infractions.

peut n'être point coupable. On a réduit en pratique, dans ce code, l'axiome tant exalté et si
peu suivi : *de dérober vingt criminels au supplice , plutôt que d'avoir le malheur d'y livrer
un innocent.*

L'abus affreux des décrets de prise au corps
est réformé dans ce code d'une philosophie humaine et éclairée. A l'avenir, personne ne pourra
être arrêté en Russie , sans un jugement solen-
nel; et il y aura quelque différence, dans ce pays-
là , entre l'accusation et la preuve (1).

Linguet, dans cet article, avoit moins, comme
on voit, l'intention de faire l'éloge du code vrai
ou prétendu de Russie , que de censurer les lois
criminelles de la France. Il pourroit, par conséquent, bien avoir aidé à la lettre.

Quoi qu'il en soit du code de Catherine II ,
cette princesse a plus fait encore pour le bonheur
de ses sujets , en fixant, pendant son règne long
et glorieux , les règles de l'administration qui
leur convient , et en posant ainsi les véritables
bases de leur prospérité. C'est ce qu'on voit aujourd'hui par le contentement que cause à toute
la nation, le retour de l'empereur actuel vers ses
principes. C'est par le sentiment intérieur de leur
bonheur que les peuples jugent de la sagesse de

______

(1) Journ. de politiq. et de littérat. 15 février 1776 ,
pag. 189.

ceux qui les gouvernent : cette règle est infaillible, et elle ne sauroit les tromper. Le souvenir des princes qui ont fait, de la justice et de l'humanité, la règle de leur administration, se grave profondément dans leur mémoire. Au milieu de l'oppression qu'ils éprouvent, c'est vers cette époque de bonheur que leurs vœux les ramènent. Pendant près de deux siècles, on demanda en France, d'en revenir aux maximes pratiquées sous le règne de Saint - Louis. Charles VII, Louis XII, Henri IV, furent les seuls qui jouirent, après lui, d'une gloire qui est la première de toutes. Nous voilà revenus à notre patrie; voyons ce qu'on y faisoit, quand Frédéric et Catherine travailloient, tout à-la-fois, pour leur propre gloire et pour le bonheur de leurs sujets, en cherchant à leur donner de bonnes lois.

CHAPITRE XXXI ET DERNIER.

Des tentatives de réforme faites en France avant la Révolution.

J'AI déjà eu occasion de remarquer une fois que, lorsque dans la plupart des Etats de l'Europe, on s'occupoit de débrouiller le chaos des anciennes lois, et de mettre de l'ordre et de l'uniformité dans leur rédaction, c'étoit là précisément le moment où les têtes se trouvoient le plus dérangées en France. Il est bien singulier que cette remarque se reproduise encore dans des temps plus modernes. Lorsque vers le milieu du dix-huitième siècle, Frédéric II entreprit, chez lui, la réforme de la justice, la France étoit en combustion, pour des billets de confession. Pendant que la commission nommée par Catherine II travailloit au code dont elle avoit jeté les bases dans son instruction, la cour et le parlement étoient à se faire cette guerre puérile, dont le résultat a été la perte de l'un et de l'autre. Dieu sait à quoi nous nous occupions en 1793 et en 1794, quand la Prusse enfantoit ces chefs-d'œuvres si vantés par le citoyen Rhemann, dans le Moniteur.

Les idées de raison et de justice avoient tant de peine à percer en France, que tous ces tracassiers, qui se trouvèrent à la tête des affaires, dans les derniers temps de la monarchie, n'imaginèrent pas même de faire, dans les lois, une de ces réformes tant désirées par la nation, et qui auroit servi du moins à colorer des apparences de l'intérêt public, l'odieux de leurs opérations.

Le chancelier Maupeou, après avoir leurré long-temps le public de l'espoir d'un nouveau code, finit par donner une nouvelle édition du

réglement de la procédure du conseil, qu'il vouloit introduire dans tous les tribunaux de sa créa-
tion.

Le tour de force le plus plaisant en ce genre,
fut celui du garde-des-sceaux Lamoignon, lorsqu'il imagina de faire, pour la réforme de la justice criminelle, un édit en vingt-un articles, qui
ne réforma absolument rien, et laissa subsister
tout ce qu'on y reprochoit d'injuste et d'odieux.

Tout cela prouve qu'on sentoit en France le
besoin d'une réforme; mais, quand on eût eu
des hommes capables de la diriger, il auroit toujours manqué cette volonté ferme et éclairée
dans le gouvernement, qui avoit surmonté en
Prusse et en Russie, les obstacles provenans
des vieilles habitudes, et d'une infinité de petites
passions, et sans laquelle les projets les plus
utiles auroient toujours échoué.

On le vit bien en 1777, lorsque les chambres
des enquêtes dénoncèrent, avec tant de fracas,
les prévarications des secrétaires des magistrats,
et la facilité de les séduire l'argent à la main,
quelle que fût la nature de la cause; ces formalités accumulées et ces procédures insidieuses,
sources d'astuces et de déprédations; enfin l'é-
normité des épices et l'abus des rapports faits se-
crétement et hors de la présence des parties et
de leurs défenseurs.

On ne devoit sans doute pas s'attendre que

tant de bruit n'aboutiroit à rien. C'est cependant ce qui arriva en dépit de l'opinion publique. Jamais on n'a mieux vérifié la fable de la montagne en travail.

Tandis que l'on éludoit les réformes les plus justes et les plus désirées, on préparoit les voies à un bouleversement général , par les atteintes portées à l'antique stabilité de la magistrature. Elles dégoûtèrent de ses fonctions pénibles ses membres les plus sages et les plus modérés. Le renouvellement des compagnies de justice , qui se faisoit auparavant, d'une manière lente et successive, fut alors subit et presque universel. On y vit arriver en foule des jeunes gens, pour qui les règles de la jurisprudence, qu'une longue tradition y avoit conservées , étoient absolument étrangères , et qui étoient dévorés de cet esprit d'innovation, plus funeste encore que l'entêtement même le plus ridicule , pour les anciennes maximes. Celles qu'on entreprit d'y substituer étoient toutes brillantes de jeunesse et fraîchement sorties des imaginations qui les avoient enfantées. Comme elles n'avoient pas encore passé par la grande épreuve de l'expérience , il étoit difficile d'en contester le mérite , et de résister au prestige séduisant, dont leurs auteurs avoient l'art de les entourer.

Les nouveaux réformateurs s'étoient principalement occupés de la justice criminelle ; et ils avoient tellement raison sur plusieurs points, qu'on dut facilement présumer qu'ils l'avoient également dans tout le reste.

Plusieurs affaires auxquelles les circonstances donnèrent le plus grand éclat, servirent à prouver combien les lois criminelles de la France avoient besoin d'être rectifiées. On se souvient sans doute encore du bruit que fit celle des trois accusés de Chaumont, et dans laquelle Dupaty releva, avec tant de force, les erreurs où il croyoit que les juges étoient tombés. Elles ne venoient que des vices de la loi. L'avocat-général Séguier, dans le long réquisitoire qu'il fit pour la défendre, ne trouva pas d'autre moyen, pour cela, que de dire qu'*une loi étoit juste, par cela seul qu'elle étoit loi.*

Ce magistrat n'imaginoit pas sans doute alors qu'un jour ce principe se tourneroit contre lui; et lorsque, banni de sa patrie et ne pouvant y rentrer sous peine de mort, il a déposé ses cendres dans une terre étrangère, il ne pensoit sans doute pas que l'acte qui le proscrivoit fût juste, par cela seul qu'on y avoit donné le nom de loi; exemple mémorable, sans compter tant d'autres, qui prouve que, quand on a le pouvoir en main, on ne doit point établir des maximes dont on peut devenir victime, après qu'on l'a perdu.

Pour revenir à notre sujet, les académies

même firent des questions concernant la justice criminelle, les sujets de leurs prix. La société économique de Berne en donna la première l'exemple, en publiant, sur cette matière, un programme, où toutes les parties des lois criminelles étoient assez bien distribuées. Ce programme, qui retentit dans toute l'Europe, excita tellement l'enthousiasme de Voltaire, qu'il en doubla le prix et donna en sus une brochure, sous le nom de *Prix de justice et d'humanité*.

Ce prix si fameux fut remporté par des Allemands; mais leurs mémoires ne répondirent point à l'attente publique, puisqu'on en a plus entendu parler depuis lors.

L'académie de Châlons-sur-Marne, suivit, en 1779, l'exemple de celle de Berne. Parmi les questions que son programme renfermoit, on trouvoit celle-ci : « Pourquoi se commet-il en » France tant de vols, tant d'assassinats et tant » d'autres crimes, malgré la rigueur de nos lois » pénales, l'activité de notre police, le zèle de nos » magistrats? Pourquoi même sont-ils plus fré- » quens parmi nous, que dans d'autres pays, où » la douceur des lois criminelles, la facilité de » les interpréter en faveur du coupable, les asyles » multipliés, une commisération religieuse, les » préjugés nationaux, l'avilissement de la main- » forte, en un mot, où tout semble promettre » l'impunité? »

Ce point de vue, sous lequel on présentoit les matières criminelles, est très-vrai et très-philosophique ; il mérite l'attention de tous ceux qui entreprennent de faire des lois. Il est en effet des pays où elles sont si indulgentes, ou même si insouciantes, que le crime y jouit d'une espèce d'impunité très - allarmante au premier coup-d'œil, sans que pour cela il y soit plus commun que dans ceux où il est poursuivi avec le plus de rigueur, et puni avec le plus de sévérité.

Aucun de ceux qui concoururent ne jugea à propos d'entrer dans une discussion qui offroit un si grand intérêt, pas même Brissot et moi, qui partageâmes le prix.

Le gouvernement étoit alors si inconséquent, qu'après avoir autorisé l'académie de Châlons à proposer ce sujet, il suspendit, pendant plus de six mois, la publication des mémoires couronnés.

Ces discussions, au reste, étoient sans inconvéniens pour un gouvernement qui auroit su les maîtriser, et qui, à l'exemple de ce qu'on a fait ensuite en Prusse, auroit eu le discernement d'y choisir ce qu'elles pouvoient contenir d'utile et de raisonnable. Que de maux peut-être on eût prévenu, en faisant quelques-unes des réformes que l'opinion publique indiquoit depuis si long-temps !

Tout

Tout ce qu'on avoit à craindre de ces luttes académiques, c'est que ceux qui en étoient les juges, étant peu versés dans les matières de politique et de législation, ne commissent souvent des méprises, et ne prissent l'erreur pour la vérité.

On en vit un exemple, lorsque la société royale de Metz proposa, en 1784, la question de savoir, qu'elle est *l'origine de l'opinion qui étend, sur tous les individus d'une même famille, une partie de la honte attachée aux peines infamantes que subit le coupable, etc.*

Il parut alors sur les rangs, et eut même la gloire de remporter la palme, un homme, dont on étoit loin de prévoir les destinées futures et la monstrueuse grandeur à laquelle il devoit arriver; je veux parler de Robespierre. C'est une chose assez digne de remarque, qu'un tel homme, entreprenant de réformer la justice criminelle. Il réussit bien mieux, dans les temps de sa puissance, à détruire le préjugé qu'il ne fit qu'attaquer alors : car, comme dit Montesquieu : *s'il se trouvoit des pays où la honte ne fût pas une suite du supplice, cela viendroit de la tyrannie, qui auroit infligé les mêmes peines aux scélérats et aux gens de bien.*

J'avois envoyé un mémoire à ce concours, dont je n'ai jamais eu de nouvelle. Je n'ai assurément garde de m'en plaindre, car je me soucie fort peu d'avoir eu alors, comme depuis, quelque chose à démêler avec Robespierre. Seulement pour revenir à ce que je disois plus haut, des erreurs auxquelles de tels concours pouvoient donner lieu, j'observerai que dans le mémoire couronné, on avançoit que le préjugé en question étoit inconnu dans toutes les législations de l'antiquité ; c'est même là la base du système qu'on y soutient.

J'ai prouvé cependant, dans ma dissertation qui est imprimée, que depuis les Juifs jusques aux Romains, on retrouvoit ce préjugé, chez tous les peuples anciens. Il existe encore aujourd'hui à la Chine, où les effets en sont si terribles, que la famille entière de l'accusé, jusques à un degré assez éloigné, est comprise dans la condamnation prononcée contre lui.

Ce préjugé avoit des racines plus profondes et des ramifications plus étendues que ne le soupçonnoient l'académie et la plupart de ceux qui y concoururent ; il dérivoit d'autres institutions ou d'autres préjugés, sur lesquels il seroit inutile de s'arrêter ici.

C'est ainsi que tant d'illusions s'étoient formées, et que les têtes s'étoient remplies d'idées fausses, inexactes, exagérées, qui en sortirent en désordre à la première explosion. Les effets ne pouvoient qu'en être funestes, au milieu de l'anarchie qui survint et dans le pouvoir et dans les opinions. Aujourd'hui que cette anarchie a cessé, pour faire place à un gouvernement plus régulier, et que les têtes sont mûries par le temps, et éclairées par l'expérience, il faut espérer que les désordres passés seront réparés, autant qu'ils peuvent l'être. L'attention particulière que le gouvernement donne à la législation, en est un sûr augure. Par ses soins, les lois reprendront leur dignité et leur véritable caractère ; elles cesseront d'être, comme elles ont été si longtemps, des instrumens de tyrannie et d'oppression. Chacun pourra se livrer en paix aux affections de son cœur, et aux impulsions de sa conscience. En ranimant les mœurs, en refrénant les passions, en protégeant la vertu, les lois seront à la fois le soutien et la consolation des bons citoyens, la terreur et le désespoir des méchans.

F I N.

TABLE

DES MATIÈRES.

FIN DE LA TABLE.

BIBLIOTHEQUE ROYALE
I